어린이에게 꿈과 희망을 준
이야기꾼

역사 공부가 되는 위인전 10 방정환
어린이에게 꿈과 희망을 준 이야기꾼

초판 1쇄 인쇄 | 2011년 4월 25일
초판 1쇄 발행 | 2011년 5월 5일

글쓴이 | 정임조
그린이 | 원유미

펴낸곳 | 해와나무
펴낸이 | 박선희
편   집 | 김경아, 송지연, 한유경, 최옥경
디자인 | 김선미
마케팅·제작 | 이정원

출판 등록 | 2004년 2월 14일 제312-2004-000006호
주소 | 서울특별시 서대문구 충정로 3가 466번지 유앤미A 상가 2층
전화 | (02)362-0938/7675
팩스 | (02)312-7675

값은 뒤표지에 있습니다.
ISBN 978-89-6268-071-3 74910
　　　978-89-91146-01-3 (세트)

ⓒ 2011 정임조
이 책의 저작권은 저자에게 있습니다. 책 내용의 일부 또는 전부를 인용하거나
발췌하려면 반드시 저작권자와 출판사 양측의 서면 동의를 구해야 합니다.

*해와나무 도서 판매 수익금의 일부는 한우리봉사단과 아름다운재단 등에 기부되어
 소외 아동과 청소년을 위해 사용됩니다.

어린이에게 꿈과 희망을 준
이야기꾼

글 정임조 | 그림 원유미

어린이를 위해
온 생을 바친 사람, 방정환

　방정환 선생님은 부잣집 아들로 태어났어요. 성정이 온화하고 베풀기를 좋아해서 모든 이들한테서 사랑을 받으며 자랐지요. 하지만 그건 잠시였어요. 한순간에 집안이 몰락하여 가난의 구렁텅이에 내팽개쳐졌습니다. 선생님은 그야말로 찢어지는 가난 속에서 어린 시절을 보내야 했거든요.

　하지만 그 가난이 방정환 선생님을 더욱 강인한 사람으로 만들어 주었답니다. 온갖 어려움 속에서도 의지가 굳은 청년으로 자라났으니까요.

　어릴 때는 또래 친구들을 모아 놓고 이야기를 들려주기 좋아하는 아이였지만, 청년이 되어서는 주권을 잃은 나라를 위해 독립운동에 뛰어들었습니다. 일본 순사의 표적이 되어 목숨을 내놓아야만 하는 상황에서도 방정환 선생님은 독립운동을 멈추지 않았습니다.

　방정환 선생님이 살던 시대에는 어른들이 아이들을 '애놈', '애새끼', '자식 놈'으로 부르며 푸대접을 했어요. 하지만 선생님은 아이들이 곧 이 나라의 미래라고 여겼기 때문에, 아이들을 존중하고 소중하게 여겨야 한다고 생각했어요. 그래서 아이들을 위한 운동을 시작했답니다. '어린이'라는 말도 만들고, '어린이날'도 만들고, '어린이날 노래'도 만들었지요. 그리고 잡지 《어린이》를 만들어서 우리 아이들에게 꿈과 희망을 줄 수 있는 동화나 동요 작품을 많이 들려주었습니다.

방정환 선생님은 이 나라의 어린이들이 고통받지 않고, 자연을 닮은 순수한 모습 그대로 자라나기를 바랐어요.

선생님이 이 모든 일을 할 수 있었던 힘의 원천은 바로 어린이들에 대한 사랑이었어요. 방정환 선생님은 마치 어린이를 위해 태어난 사람처럼 살았어요. 그리고 서른 세 살의 나이에 눈을 감았지요. 선생님의 생이 이보다 더 길었다고 해도 선생님의 삶은 모두 어린이를 위해 쓰여졌을 거예요.

안타깝게도 우리는 이런 방정환 선생님에 대해서 너무 모르고 있다는 생각이 듭니다. 그래서 고개 숙여 감사하다는 인사를 드리는 마음으로 이 글을 썼어요.

이 책의 마지막 장을 덮을 때, '어린이' 여러분에게도 저와 같은 마음이 깃들기를 기대해 봅니다.

2011년 4월 8일 울산에서

정임조

차례

우리나라 최고 이야기꾼의 탄생 • 9

아이에서 청년으로 그리고 세상 속으로 • 23

일본과 맞선 청년 운동가 • 42

세상을 향해 걸어 나온 이름, 어린이 • 61

노래쟁이 윤극영, 이야기쟁이 방정환 • 77

색동저고리를 입고 마음껏 뛰어라 • 89

어린이와 세상, 그 사이에 방정환 • 109

아이야, 넓은 세상을 보아라 • 120

어린이의 마음은 천사와 같다 • 127

책 속의 책 펼쳐라! 생각 그물

- **역사 박사 첫걸음** 교묘한 눈속임, 일제의 문화 통치
- **역사 지식 돋보기** 일제 강점기 재일 한국인들의 삶
- **알토란 역사 지식** 독립을 위한 문화 운동의 모습
- **속닥속닥 천기누설** 이야기꾼 방정환
- **역사 발자취 따라가기** 우리 곁에 숨 쉬는 방정환

소파 방정환 선생 상 서울시 광진구 능동 어린이 대공원에 세워져 있다.

우리나라 최고 이야기꾼의 탄생

마음씨 좋은 부잣집 도련님

1899년 11월의 어느 오후 서울 야주개(지금의 서울시 종로구 당주동) 마을, 크고 넓은 집에 햇살이 길게 내려앉았다. 세상의 모든 고요함이 깃들었나 싶은 순간에 우렁찬 아이의 울음소리가 터졌다.

"사내아이일세! 경사로세!"

사람들은 울음소리가 나는 곳을 보며 아이의 탄생을 기뻐했다.

아이는 정할 정(定)에 빛날 환(煥), 정환이라는 이름을 얻었다. 훗날 어린이를 이 땅의 주인으로 내세운 운동가! 마치 어린이를 위해 태어난 사람처럼 일하고 생각하다가 하늘나라로 오른 사람! 바로 방정환이다.

정환의 아버지 방경수는 야주개에서 장사를 하는 사람으로, 소문난 부자였다. 정환의 할아버지와 아버지가 가게를 꾸렸는데, 하는 일마다 잘되어서 사람들의 부러움을 샀다. 구두쇠 짓을 하지도 않고 야박하지도 않아서 동네 사람들에게 평도 좋았다.

정환의 집은 담을 허물고 집 두 채를 하나로 터서 썼기 때문에 아주 넓었다. 집 한 켠은 가게로 쓰고 있었다. 마당과 가게에는 쌀과 미역, 멸치, 북어 같은 건어물이 산더미처럼 쌓여 있었고, 장사치들로 늘 북적였다.

정환은 할아버지와 할머니, 아버지, 어머니, 두 살 위인 삼촌, 두 살 위 누나, 사촌 동생과 함께 살았다. 부잣집 맏아들답게 입는 것이며 먹는 것이며 아쉬울 것이 없었다. 정환에 대한 가족들의 사랑도 극진했는데, 특히 할아버지는 정환을 위해서라면 돈을 아끼는 법이 없었다.

그런데 이런 정환도 한 가지 불만이 있었다. 어머니가 병을 앓고 있어서 방에 누워 있는 날이 많았던 것이다.

"어머니, 만날 누워 있지만 말고 나랑 같이 놀자니까."

"미안하다, 정환아. 다음에, 다음에 놀아 줄게."

어린 정환은 방에 누워만 있는 어머니에게 늘 투정을 부렸다. 어머니는 한 번도 정환과 나들이를 가거나 놀아 준 적이 없었다.

대신 정환에게는 친구들이 있었다.

정환은 부잣집 아들이라고 잘난 체하거나, 가난한 아이를 업신여기는 얌체가 아니었다. 주머니에 불룩한 사탕은 제 입으로만 들어가는 것이 아니라, 친구들에게 하나씩 돌아갔다. 그래서 정환이 골목에 나타나면 아이들은 입을 쩍 벌리고 우르르 정환을 향해 달려왔다. 아이들은 초롱초롱한 두 눈을 반짝이며 동시에 이렇게 물었다.

"정환아, 오늘은 뭐 하고 놀까?"

댕기 머리 잘린 아이

정환은 장난이 심하고 노는 걸 좋아했지만, 머리도 좋았다. 다섯 살 때 천자문을 시작했는데 배운 지 얼마 안 되어 줄줄 외울 정도였다.

정환의 천자문 선생님은 할아버지였다. 할아버지는 한문 공부를 한 분이어서, 조상들이 공부해 온 유학을 최고로 여겼다.

"정환아, 여기서부터 쭉 읽어 보거라."

가게에 손님이 오거나 할아버지의 친구들이 찾아오는 날이면 정환의 천자문 외는 소리가 더 또록또록해졌다. 하지만 할아버

지의 감시가 조금만 허술하면 생쥐처럼 빠져나가 아이들과 놀기 바빴다. 그러다가 회초리를 맞은 적이 한두 번이 아니었다.

다행히 할아버지와의 지루한 천자문 공부는 오래가지 못했다. 정환의 삼촌 때문이었다. 하루는 삼촌이 집 안을 들쑤시며 학교에 가게 되었다고 자랑을 늘어놓았다.

"정환아, 삼촌은 이제부터 학교에 다닌다! 좋겠지?"

할아버지 밑에서 천자문을 공부하는 것에 싫증이 났던 정환은 귀가 번쩍 뜨였다.

'학교? 학교에 가면 무슨 공부를 하는 거지?'

정환은 호기심이 발동했다. 이튿날 정환은 아침도 먹지 않고 대문 밖에 숨어 삼촌을 기다렸다. 그리고 대문을 나오는 삼촌을 따라 몰래 학교까지 갔다.

운동장에는 아이들과 늦게 공부를 시작한 어른들이 왁자지껄 떠들며 놀고 있었다.

땡땡땡!

어디에선가 종소리가 나자 운동장에서 놀던 학생들이 모두 교실로 뛰어 들어갔다. 순식간에 혼자 남게 된 정환은 창문 너머로 교실 풍경을 훔쳐보기도 하고, 운동장을 뛰어다니기도 했다.

그때였다.

"웬 놈이냐?"

등 뒤에서 누군가가 정환을 불렀다. 정환은 뒤를 돌아보았다.

"너 학교 다니고 싶으냐?"

"예, 다니고 싶어요. 그런데 할아버지가 안 보내 줘요."

"어쩐다? 학교를 다니려면 머리를 잘라야 하는데……."

댕기 머리를 하고 있던 정환을 보고 장난기가 발동한 이 사람이 바로 김중환 교장이었다. 김중환 교장은 어린이를 민족의 장래라고 여기고 교육 사업에 앞장선 사람이었다. 특히 용모가 단

정해야 생각이 깨인다고 여겨서 학생들에게 머리 깎기를 권하는 사람이기도 했다.

김중환 교장은 정환을 당장 자기 집으로 데려가서 머리카락을 잘랐다. 기다란 댕기 머리는 싹둑 잘리고 정환은 순식간에 까까머리가 되고 말았다.

정환이 잘린 댕기 머리를 손에 들고 집으로 돌아가자 집안이 발칵 뒤집혔다. 할머니와 어머니는 댕기 머리를 잡고 통곡까지 했다.

"네 이놈! 할애비 몰래 서양 놈들 공부했다간 요절을 내고 말 테다!"

할아버지는 학교에 보내 주기는커녕 감시까지 하면서 못 가게 했다. 하지만 쥐새끼처럼 빠져나가 학교로 도망치는 정환을 막을 도리가 없었다. 정환은 피가 나도록 매를 맞으면서도 학교에 가겠다는 고집을 꺾지 않았다. 결국 할아버지도 두 손 두 발 다 들고 정환을 학교에 보내 주었다. 고집불통 정환의 나이, 고작 여섯 살이었다.

애야, 너 참 이야기를 잘 짓는구나!

머리카락도 자르고, 학교에 다녀도 좋다는 할아버지의 허락도 떨어졌는데, 정환은 이상하게 학교 가는 게 싫어졌다. 장난도 못 치고, 마음껏 뛰어놀 수도 없는 것이 꼭 감옥살이 같았다. 댕기 머리 자른 것이 처음으로 후회가 되었다.

"할아버지 말씀 들을걸. 괜히 학교 다닌다고 고집을 피웠잖아."

정환은 학교에서 재롱둥이로 인기가 많았지만 정작 자신은 아무 재미도 느끼지 못했다. 그런데 딱 하나, 정환이 자다가도 벌

떡 일어날 만큼 좋아하는 것이 있었다. 바로 연극 놀이였다.

누가 가르쳐 준 것도 아니고, 시킨 것도 아닌데 정환은 친구들을 모아 놓고 능청스럽게 이야기를 들려주었다.

"쟤 좀 봐. 어린것이 보통이 아니네."

"저런 이야기를 어디서 듣고 온 걸까?"

어디서 들은 이야기도 아니고, 책에서 읽은 이야기도 아니었다. 그저 머릿속에 떠오르는 이야기를 그 자리에서 술술 만들어 낸 것이었다.

정환은 친구들이 자기가 들려주는 이야기에 빠져드는 것이 무척 즐거웠다.

그러던 어느 날, 정환은 아버지를 따라 시장에 갔다가 우연히 연극을 보게 되었다. 처음 본 연극은 참으로 신비로웠다. 사람들이 다른 사람으로 변해서 다른 목소리를 내고 울고 웃는 모습이 정말 근사했다.

정환은 집에 오자마자 온 동네를 뛰어다니며 아이들을 불러 모았다. 아이들은 정환의 집에 옹기종기 모여 앉았다. 그런데 아이들을 불러 모은 정환의 모습이 보이지 않았다.

"정환이는 대체 어디 간 거야?"

"어, 저게 뭐야? 왜 벽을 이불로 가려 놓았지?"

아이들이 웅성거리고 있을 때였다. 이불이 확 걷히면서 망토를 걸친 정환이 나타났다. 정환은 몸을 이리저리 움직이며 화난 어른의 목소리, 간드러진 여자 목소리를 흉내 냈다. 아이들은 정환의 요상한 몸짓과 목소리에 배꼽을 잡고 뒹굴었다.

"저 녀석 얼굴 표정 좀 봐. 진짜 울 것 같잖아."

"혼자서 이랬다저랬다 다 하네. 도대체 몇 사람으로 변하는 거지?"

아이들은 정환의 연극 놀이를 세상 어느 놀이보다 재미있게 구경했다.

정환은 아홉 살 되던 해에 어느 미술가로부터 뜻밖의 선물을 받았다. 환등기와 슬라이드 필름 몇 장이었다. 환등기는 정환이 그동안 갖고 놀던 여느 장난감과는 차원이 달랐다. 환등기는 통 속에 필름을 넣고 불을 켜면 그림이 크게 확대되어 벽에 비치는 장치였다. 정환은 혼자 보기 아까워 친구들을 불러 모았다. 그림을 보여 주면서 그럴싸하게 이야기도 만들어 들려주었다.

벽에 외국 풍경이 나타나는 것을 본 아이들은 입을 쩍 벌렸다. 한 번도 본 적 없는 별세계 같았다.

"진짜 저런 데가 있을까?"

"환등기가 마술을 부리는 것 같아."

아이들은 근사한 구경거리에 넋을 잃었다.

아이들만이 아니었다. 어른들도 소문을 듣고 찾아왔다. 환등기는 어른들에게도 신기한 것이었다. 그림도 그림이었지만 정환의 설명은 더 재미났다.

우쭐해진 정환은 목소리를 더욱 크게 하고 그럴싸하게 이야기를 꾸며 냈다. 사람들은 감탄을 자아내기도 하고, 환호를 지르기도 했다.

구경꾼이 늘어나자 집 안이 시끄러웠다. 오고 가는 사람들로 마당에 먼지가 풀풀 날렸다. 정환의 어머니는 어린 아들이 다른 일도 아니고, 환등기를 가지고 사람들을 불러 모으는 것이 싫었다. 게다가 어머니는 병을 앓고 있어서 신경이 예민했다.

사실 정환의 집은 워낙 커서 해야 할 일도 만만치 않았다. 사람들에게 환등기로 그림을 보여 주고, 연극을 보여 주며 한가한 시간을 보내는 사람은 정환뿐이었다.

"어머니, 죄송해요."

어머니한테 용서를 구하는 순간에도 정환의 머릿속에는 사람들에게 들려줄 이야기로 가득 차 있었다. 정환은 식구들의 마음을 살피지 못한 것이 미안했지만 이 일을 그만두고 싶지 않았다.

'그래. 환등기 그림은 너무 많이 봐서 지겨워. 다른 걸 보여 주면 더 좋아할 텐데.'

정환은 사람들에게 색다른 즐거움을 주고 싶었다. 그래서 이번에는 직접 그림을 그렸다. 필름 속 그림처럼 화려하지는 않았지만, 머릿속에 떠오른 이야기에 맞게 그림을 그리니 더 재미있었다.

"바로 이거다!"

사람들은 정환이 직접 그리고 만든 이야기에 더 관심을 보였다. 정환은 사람들의 반응에 용기를 얻었고 자신감이 생겼다.

정환의 끼는 이렇게 나타나고 있었다. 우리나라 최고 이야기꾼으로서의 면모를 조심스럽게 보여 주기 시작한 것이다.

| 서양 문물과 만난 우리나라 |

개화기 지식인들은 서양의 과학 기술과 문물을 받아들여 나라를 발전시키려 했다. 실제로 서양 문물과 만나게 되면서 옷차림, 머리 모양, 식생활 등이 변하게 되었다. 사람들은 처음에는 서구식 복장에 거부감을 느꼈지만, 1920년대가 되면서 일반화되어 1930년대에는 양복이 크게 인기를 끌었다. 머리 모양 역시 마찬가지였다. 1895년 단발령이 내려졌을 때는 그에 대한 저항으로 의병 활동이 확산될 정도로 거부감이 심했지만, 시간이 흐르면서 머리를 짧게 하는 것이 세련된 것이라는 생각이 퍼져 나갔다.

음식의 경우, 1900년대부터 수입한 설탕을 넣어 만든 양과자가 생산되면서 빵,

케이크, 아이스크림 등이 자리 잡기 시작했다. 커피는 1896년 고종이 처음 마신 뒤 왕족과 귀족 사이에 빠르게 퍼져 나갔다. 이 영향으로 1920년대에는 다방들도 생겨났다.

아이에서 청년으로, 그리고 세상 속으로

가난 그리고 이별

부족함을 모르고 자라던 정환에게 고난이 닥쳤다. 할아버지가 하던 쌀장사가 잘못돼 큰 빚을 지게 된 것이다. 정환의 가족은 하루아침에 거지 신세가 되어 지금의 사직 공원 근처로 이사를 하게 되었다.

"이제부터는 여기가 우리 집이다."

으리으리한 집에서 살았던 정환에게 이사한 집은 초라하기 그지없었다.

정환은 할아버지와 아버지가 원망스러웠다. 그러나 따져 물을 틈도 없이 할아버지는 자리에 몸져누웠고, 아버지는 일자리를 구하러 다녀야 했다.

시간이 흐를수록 가정 형편은 더 어려워졌고, 그럴수록 배는 더 고팠다. 자신을 좋아하던 친구들도 그립고, 야주개 큰 집도 그리웠다.

친구들에게 나누어 주기 좋아하고, 먹고 싶은 것은 원 없이 먹고 자란 정환에게 하루아침에 찾아온 가난은 견디기 어려운 것이었다.

폴짝폴짝 개구리처럼 뛰어다니며 기운 넘치던 정환의 모습은 사라져 버렸다. 축 처진 어깨에 표정 없는 얼굴. 이런 정환을 지켜보는 어머니의 가슴은 미어졌다.

"정환아, 좋은 소식이 있구나. 대고모(고모할머니)께서 네 도시락을 싸 주시겠다고 약조를 하셨다."

학교에서 힘없이 돌아온 정환에게 어머니가 기쁜 듯이 말했다.

살림이 넉넉했던 정환의 대고모님은 김이 모락모락 나는 흰쌀밥을 도시락에 꾹꾹 눌러 담아 주었다. 너무 많이 담아 밥알이 새어 나오는 일도 있었다. 하지만 대고모부가 싫어해서 이 일도 오래가지 못했다.

"안 되겠다. 이러다가 모두 굶어 죽겠다. 쌀을 좀 꾸어 와야겠다."

어머니는 더 이상 안 되겠는지 정환에게 쌀을 꾸어 오는 심부름을 시켰다. 정환은 이 심부름이 죽기보다 싫었다. 하지만 쌀을 꾸어 오지 않으면 당장 굶어야 했기 때문에 하지 않을 수 없었다.

힘든 일은 이것만이 아니었다.

우물에 가서 물을 길어 오는 일도 정환의 몫이었다. 석유통 두 개를 작대기에 걸어서 만든 물통에 물을 가득 담아 메고 걸으면 어깨가 내려앉는 것 같았다. 너무 무거워서 물통 속 물이 흔들리는 대로 몸이 휘청거렸다. 손도 시리고 배도 고팠다. 정환은 당장이라도 무거운 짐을 벗어 버리고 싶었지만 꾹 참았다.

"아무리 힘들어도 내가 힘든 게 나아."

하지만 힘을 내던 정환도 누나가 시집을 간다는 말에 그만 풀썩 주저앉고 말았다.

"살림이 어려우니 어쩌겠니? 누나라도 시집 가서 잘 살아야지."

그때 누나의 나이는 겨우 열두 살이었다. 시집을 일찍 보내던 시절이었지만 너무 이른 나이였다. 정환은 누나와 헤어지기 싫어서 눈이 퉁퉁 붓도록 울고 또 울었다.

정환이 처음으로 겪은 이별이었다. 정환은 훗날 잡지《어린이》에 '과꽃 남매'라는 동화를 발표하였다.

이야기 내용은 이렇다.

벌레 우는 가을밤. 동생 과꽃이 잠들지 못하고 울고만 있다. 누이 과꽃과 헤어져서 슬픔에 빠져 있는 것이다. 누이 과꽃에게 마음을 의지하면서 추위와 바람을 견디었던 동생 과꽃은 이별의 슬픔에 빠져 눈물로 하루하루를 보내고 있었다.

하루는 노란 벌 한 마리가 동생 과꽃에 앉아 말을 건넸다. 누이 과꽃의 안부를 가져온 벌이었다.

"네. 내가 그 동생이올시다. 우리 누님이 안녕하십네까?"

"네. 당신이 그 동생입니까? 아이구, 시원하게 만났습니다."

동생 과꽃과 나비는 기쁜 마음으로 서로를 확인했다. 그러나 기쁨도 잠시였다. 동생 과꽃에게 청천벽력 같은 소리가 전해진다.

"그래, 우리 누님이 안녕히 계십데까?"

"당신 누님이 어제 아침에 죽었다오. 동생과 이별하고 이때까지 울고만 지냈다오."

이 소식을 들은 동생 과꽃도 사흘째 되는 날 아침에 죽고 만다.

〈과꽃 남매〉《어린이》 2권 10호 (1924. 10)

방정환은 이 이야기 속에 누나와 헤어진 자신의 슬픈 마음을 고스란히 담았다. 결국 죽음으로 끝이 나는 과꽃 이야기는 조금 과장된 감이 있지만, 방정환의 슬픔이 어느 정도였는지 충분히 짐작하게 해 준다.

시련 속에서 퍼 올린 꿈

힘든 날이 계속되었다. 하지만 정환은 참고 또 참았다. 그런 생활 속에서도 꿈과 희망이 있었기 때문이다. 그 무렵 정환은 친구들과의 작은 토론 모임을 이끌고 있었다. 모임의 이름은 '소년 입지회'였다.

정환은 소년 입지회에서 많은 힘을 얻었고 마음의 위안을 받았다. 비록 몸은 힘이 들었지만 일을 마치고 시간이 날 때마다 모임에 참석했다.

소년 입지회는 말 그대로 또래의 친구들이 모여 하나의 주제를 두고 열띤 토론을 벌이는 모임이었다. 가령, '산이 좋은가 바다가 좋은가?', '벙어리가 좋은가 장님이 좋은가?', '왜 일본은 우

리 민족을 자꾸 괴롭힐까?', '해와 달은 왜 서로 만날 수 없을까?' 하는 문제들을 놓고 각자의 주장을 펼치는 모임이었다.

어떤 합의점을 찾기보다는 열띤 토론을 하는 것이 목적이었기 때문에, 자신의 주장을 다른 사람 앞에서 펼치는 것에 큰 의미를 두었다.

모임 장소는 친구 최창수의 집이었다. 정환을 비롯한 소년 입지회 친구들은 석유 궤짝을 뜯어 먹칠을 해서 만든 칠판을 걸고 간판도 달았다. 참가하는 인원도 점점 늘어나서 장소를 공터로 옮겨야 했지만 열정은 식지 않았다. 일요일이면 사직단 앞 공터 한 켠이 소년 입지회 회원들로 바글바글할 정도였다.

어느덧 정환의 나이 열다섯이 되었다. 보통 아이들 같으면 한창 공부를 할 나이였지만 정환은 집안일을 도우며 하루하루를 보내고 있었다.

공부를 하고 싶은 마음이야 간절했지만 정환은 학교를 더 다니고 싶다는 말을 입 밖으로 꺼내지 못했다. 그런 모습을 지켜보는 정환의 아버지 속도 말이 아니었다.

"어렸을 때부터 여간 총명한 아이가 아니었는데……. 부모를 잘못 만나 저 꼴이 되다니."

아버지는 정환을 더 이상 두고 볼 수가 없었다.

"정환아, 학교에 가서 공부를 하고 싶지 않느냐?"

정환은 대답 없이 고개만 숙였다.

"정환아, 아버지는 네가 상업 학교에 가서 공부를 했으면 한다. 우리 집은 대대로 장사를 해 온 집안이다. 너라도 주판과 부기를 배워서 쓰러진 우리 집안을 다시 일으켜 세워 주었으면 한다."

 아버지는 정환이 장사에 흥미가 없다는 것을 진작부터 알고 있었지만, 집안 사정이 어렵다 보니 상업 학교에 보낼 수밖에 없었다.

 정환은 상업 학교에 가는 것이 내키지 않았지만 아버지의 뜻을 저버릴 수 없어서 결국 상업 학교에 진학했다.

 하지만 공부에 재미를 붙이지는 못했다. 대신 책 읽는 것을 좋아했다. 육당 최남선 선생이 펴낸 《소년》, 《붉은 저고리》, 《아이들 보이》와 같은 잡지를 읽는 것을 특히 좋아했다. 책을 읽다가 밤을 새는 것도 예사였다. 책을 보느라 잠자는 시간이 줄었지만 눈동자는 더욱 초롱초롱해졌다. 한 번도 가 보지 못한 다른 나라의 이야기들은 정환의 마음을 온통 사로잡았다.

| 육당 최남선(1890~1957) 과 잡지 |

1890년 서울에서 태어난 최남선은 문화 운동가이자 작가, 역사학자였다. 서양 문학에서 영향을 받은 신문학 운동의 선구자로, 잡지 《소년》, 《샛별》, 《아이들 보이》, 《청춘》 따위를 창간했다. 1908년 11월 최초의 *신체시 〈해에게서 소년에게〉를 발표하였다. 1919년 3·1 운동 때는 '기미 독립 선언문'의 첫 안을 작성하고, 민족 대표 가운데 한 사람으로 체포되어 2년 6개월의 징역형을 받았다. 하지만 그 뒤에 일제의 침략 전쟁을 미화, 선전하는 친일 활동을 해서 비난의 대상이 되기도 했다.

*신체시 : 우리나라 신문학 운동 초기에 나타난 새로운 시 형식으로, 현대시의 출발점이 되었다.

● 최남선이 창간한 잡지

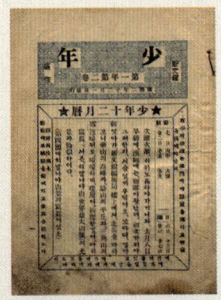

소년

우리나라 최초의 잡지로 1908년에 창간되었다. 창간호에 최남선의 신체시 〈해에게서 소년에게〉가 실렸다. 주로 청소년을 대상으로 지식의 보급과 계몽에 힘썼으나 1911년 5월, 일본에 의해 발행 정지를 당했다.

붉은 저고리

1913년에 창간된 최초의 어린이 신문으로 매월 1일과 15일 2회 발간했다. 그림과 사진을 넣고, 동화, 역사 이야기, 위인전, 시가 등을 담았다. 1913년 12호를 끝으로 일본에 의해 폐간되었다.

청춘

1914년에 창간된 최초의 월간 종합지이다. 《청춘》은 5호까지 나온 뒤에 일본에 의해 정지 처분을 당했다가 1917년에 다시 속간되었다. 위고의 《레미제라블》, 톨스토이의 《부활》, 밀턴의 《실락원》, 세르반테스의 《돈키호테》 같은 세계 문학 작품을 소개하였다.

"나도 글을 써 볼까?"

정환은 조심스럽게 펜을 들었다. 모방에서 시작한 두서없는 글이었지만 나중에는 정환만의 독특한 글로 완성되었다. 용기를 내어 정환은 《청춘》이라는 잡지에 글을 써서 보내기도 했다.

그러나 이런 생활도 오래가지 못했다. 졸업을 불과 일 년 앞두고 정환은 학교를 그만두기로 했다. 어려운 살림도 살림이었지만 더 이상 적성에 맞지 않는 공부를 계속하고 싶지 않았.

'시간 낭비일 뿐이야. 아무 의미 없는 공부를 계속하느니, 그만두고 돈을 벌어야겠어.'

정환은 학교 선생님과 아버지의 만류도 뿌리치고 결국 학교를 그만두었다.

토지 조사국 사자생이 되다

운이 좋았는지 정환은 금방 취직이 되었다. 비록 *조선 총독부 토지 조사국에서 서류를 베끼고 쓰는 *사자생 자리였지만 적어도 배고픔은 해결할 수 있었다.

팔이 부러져라 하루 종일 글을 베껴 쓰고 버는 돈은 고작 5원 정도였다. 노동자들에게 무료로 제공되는 봉놋방에서 잠을 자면

*조선 총독부 : 일본이 1910년부터 1945년까지 우리나라를 지배하기 위해 설치한 기관.
*사자생 : 글씨를 베껴 쓰는 일을 하는 사람.

서 돈을 모았지만 정환의 주머니는 늘 비어 있었다.

하루 벌어 하루 쓰는 신세에다, 몸은 늘 피곤에 절어 있었다. 하지만 정환이 정말 못마땅하고 꺼림칙하게 여긴 것은 따로 있었다.

'나는 조선 사람이면서도 조선을 지배하는 사람들 밑에서 일하고 있어. 정말 못 견디겠어. 돈을 벌기 위해서라지만 정말 이래도 될까?'

정환은 일본 사람 밑에서 일하는 것이 수치스러웠다. 이런 생각은 친구 유광렬도 마찬가지였다.

유광렬도 토지 조사국에서 일하는 가난한 집 아들이었다. 둘은 싸구려 음식을 사 먹으면서도 화려한 앞날에 대해 이야기를 나누었다.

"광렬아, 나는 말이야, 공부를 더 해서 어린아이들을 위한 일을 해 보고 싶어."

"왜 하필 아이들을 위한 일이야?"

"나는 아이들이 좋아. 아이들은 자라서 장차 이 나라의 주인이 될 거야. 나는 아이들이 열심히 글을 읽고 배워야 한다고 생각해. 우리가 언제까지나 일본의 지배를 당하며 살 수는 없잖아. 나는 아이들이 어릴 때부터 힘을 길러야 한다고 생각해."

"정환아, 네 말이 맞아. 지금 우리에게는 나라를 구할 똑똑한 사람이 필요해."

"지금은 비록 토지 조사국에서 서류나 베껴 쓰고 있지만, 난 언젠가 나라를 위한 큰일을 하고 말 거야."

광렬은 정환의 두 눈이 날카로우면서도 따뜻하게 빛나는 것을 보았다.

정환과 광렬은 책을 권해 주기도 하고 서로에게 빌려 보기도 했다. 가끔 의견이 달라 티격태격하기도 했지만 나라의 미래를 염려하고, 민족의 자부심을 지키자는 이야기 앞에서는 언제나 하나가 되었다.

하지만 광렬은 정환 곁에 오래 있지 못했다. 집안 형편이 어려워 시골로 이사를 가야 했기 때문이다.

"광렬아, 우리 꼭 다시 만나자."

"그래. 꼭 다시 만나게 될 거야."

둘은 다시 만난다는 믿음을 가지고 헤어졌다.

광렬이 떠나자 정환은 말없이 일에만 매달렸다. 비록 처량한 현실이었지만 일만큼은 철저히 책임감 있게 해 나갔다. 이는 절친한 친구 광렬과의 약속이기도 했다.

아내를 얻고, 어머니를 잃고

일 잘하고 꼼꼼한 정환의 모습은 단연 눈에 띄었다. 말수가 적고 묵묵히 일하는 청년, 눈빛이 맑지만 때로는 매서워 보이는 이 청년을 멀리서 눈여겨보는 사람이 있었다. 바로 권병덕이라는 사람이었다. 권병덕은 천도교인이며, 독립 만세 운동 때 앞장섰던 민족 대표 33인 중 한 사람이다.

| 천도교 |

천도교의 역사는 최제우가 창건한 동학으로부터 시작된다. 동학이 생겨난 당시는 일본을 비롯한 외세의 간섭이 심해지고, 유교와 불교가 부패한 상황에서, 천주교(서학)의 세력이 날로 커지던 때였다.

최제우는 민족의 주체성과 도덕관을 바로 세우고, 국권을 튼튼히 다지기 위해서는 새로운 도(道)가 필요하다고 판단하였다. 그래서 인간의 주체성을 강조하고 만민이 평등하다는 것을 주장하는, 혁명적 성격의 동학을 창시했다. 이후 동학 농민 운동을 이끌다 사형당한 최시형의 뒤를 이은 제3대 교주 손병희는 1905년, 동학의 이름을 천도교로 바꾸고 근대적 종교 체제를 갖추는 데 힘썼다.

천도교는 '사람이 곧 하늘이다'라는 인내천(人乃天) 사상을 바탕으로 삼고 있다. 이는 모든 사람을 존엄하게 보는 사상으로, 인간 평등의 정신이 담긴 것이다. 이러한 정신 속에서 어린이 권리에 대한 주장도 나올 수 있었.

천도교는 1920년 천도교 청년회를 조직하고, 종합 잡지 《개벽》을 발행하며 문화 운동을 펼쳐 나갔다. 1921년에는 천도교 소년회를 조직하여 어린이 운동의 선구자적 역할을 하였다. 한편 천도교는 나라의 독립을 위해서 힘썼으며 광복 뒤에는 남북통일 총선거 운동을 시도하기도 했다.

당시 정환은 토지 조사국에서 일하면서 천도교 회관에 나가 교리 공부를 하고 있었다.

일솜씨도 좋고, 영민해 보이는 눈빛을 한 정환이 권병덕의 눈에 들어온 것은 자연스러운 일이었다.

권병덕은 아주 친숙한 사람처럼 정환에게 말을 걸었다. 정환도 처음 보는 권병덕에게 마음이 끌렸다. 정환은 이런저런 말끝에 속마음을 털어놓았다.

"저는 어린아이들을 위한 일을 하고 싶습니다. 그런데 도무지 그 길을 모르겠습니다."

자신의 부귀영화보다 어린아이들을 위한 일을 하고 싶다는 열아홉 청년의 포부는 권병덕을 감동시켰다.

"자네 천도교에서 일할 마음 없는가?"

뜻밖의 제안이었다.

"시켜만 주신다면 열심히 하겠습니다."

권병덕은 정환의 땀 젖은 손을 세게 잡아 주었다.

정환은 토지 조사국을 그만두고 천도교에서 일하게 되었다. 천도교에서 부지런히, 더 열심히 일했다. 토지 조사국에서 일했던 자신의 과거 모습을 지우려는 듯 일에 열중했다.

권병덕을 만난 일은 직장을 바꾸는 데에서 끝나지 않았다. 이 인연은 더 큰 인연으로 이어졌다.

권병덕은 마치 정환을 위해 나타난 사람 같았다. 정환을 천도교 제3대 교주인 의암 손병희 선생에게 소개시켜 준 것이다.

"자네가 방정환인가? 왜 그렇게 말랐는가. 그 왜소한 몸으로 무슨 일을 하겠는가!"

손병희 천도교 제3대 교주인 손병희는 우리나라 독립운동사에 큰 발자취를 남겼다.

손병희 선생의 말투는 예리하고 강렬했다.

"저는 비록 몸은 약하지만 몸을 지배하는 정신은 그 누구보다 건강하고 튼튼합니다."

정환은 약간 불쾌했지만 자신 있게 대답했다. 손병희 선생은 정환의 대답이 마음에 들었다. 몇 차례 더 정환을 만나 본 손병희 선생은 망설일 것 없이 정환을 사윗감으로 점찍었다.

"사내가 저리 약해서 무슨 일을 하겠어요. 남자라면 듬직한 면이 있어야지."

손병희 선생의 가족들은 정환이 마르고 볼품없다는 이유로 반

방정환 결혼 기념 사진

대했다. 하지만 손병희 선생의 사람 보는 눈은 남달랐다. 그는 정환의 강직한 성품과 예리한 눈빛을 보고, 결코 그가 나약한 사람이 아님을 알았다.

열아홉. 정환은 온 천지가 꽃으로 물드는 봄에 손병희 선생의 셋째 딸 손용화와 백년가약을 맺었다.

둘째가라면 서러울 만큼 부잣집 아들이었다가, 하루아침에 빚더미에 깔린 집안의 배고픈 소년이었다가, 가난 속에서도 책을 읽으며 꿈을 키워 오던 청년 정환은 마침내 짝을 이루게 되었다.

결혼을 한 방정환은 안정을 찾았다. 자신감도 생겼다. 한동안 평탄한 날이 계속되었다. 하지만 하늘은 방정환을 또 다른 슬픔 속으로 몰고 갔다. 병환으로 오랫동안 누워 있던 어머니가 돌아가신 것이다. 방정환은 한 집안의 장남이면서도 어머니를 편안하게 모시지 못하고 돌아가시게 했다는 죄책감에 시달렸다.

방정환은 훗날 〈눈〉이라는 동요에 어머니를 그리워하는 마음을 담았다.

> 하늘에서 오는 눈은
> 어머님 편지
> 그립던 사정이 한이 없어서
> 아빠 문안 누나 안부 눈물의 소식
> 길고 길고 한이 없이 길다랍니다
>
> 겨울밤에 오는 눈은 어머님 소식
> 혼자 누운 들창이 바삭바삭
> 잘 자느냐 잘 크느냐 묻는 소리에
> 잠 못 자고 내다보면 눈물 납니다.
>
> 〈눈〉, 《어린이》 8권 7호(1930.8)

눈을 유난히 좋아한 방정환은 어린 시절로 다시 돌아가서 어머니와 눈을 맞으며 뛰놀고 싶었을 것이다. 그러나 어머니를 잃은

슬픔에만 빠져 있을 수 없었다. 이를 악물고 슬픔을 털어 내야 했다.

장가를 들고 처가에 살림을 차린 방정환은 처갓집 식구들의 극진한 대접을 받았다. 그동안 제대로 먹지 못했던 방정환은 나무 꼬챙이처럼 말라 있었다. 하지만 곧 살이 오르고 얼굴에 윤기가 돌기 시작했다. 마음에 근심이 사라지고 평온을 되찾자 몸이 점점 불어 뚱보라는 별명을 얻을 정도가 되었다.

뚱보 방정환! 그가 얼마나 뚱뚱했는가 하면, 허리에 맞는 허리띠가 없어서 헝겊을 기워 허리띠로 쓸 정도였고, 택시를 타도 차가 기울어져 달리지 못할 정도였다고 한다. 방정환은 지나치게 뚱뚱한 자신을 걱정하는 사람들에게, 몸이 비대해질수록 자신감과 용기와 포부도 함께 커져 간다고 말했다.

일본과 맞선 청년 운동가

청년들이여, 힘을 모으자!

'청년 구락부 회원 모집.'

결혼을 하고 몸과 마음이 안정된 방정환은 그동안 마음에 담아 두었던 일을 하나둘 펼치기 시작했다. 그 첫 번째가 비밀리에 결성한 '청년 구락부'였다. 방정환은 뜻이 맞는 청년들을 모아 나라를 되찾는 데 힘이 되고자 하였다.

열세 살 무렵 소년 입지회를 이끌어 본 경험이 있어서 이 단체는 별 어려움 없이 결성되었다.

"독립을 위해 우리 청년이 힘을 모읍시다."

"잃어버린 조국을 찾읍시다!"

방정환은 비밀리에 청년들을 하나둘 모으기 시작했다. 일본 경찰의 감시가 심했지만, 독립운동 단체가 아닌, 평범한 친목 단체로 위장했기 때문에 들킬 염려가 없었다.

어느덧 청년 구락부의 전국 회원이 200명을 넘었다. 방정환은 잠시도 긴장을 늦추지 않았다.

일본 헌병들의 감시와 의심을 피하기 위해 회장과 부회장직을 다른 사람들에게 맡겼다. 회장은 이복원, 부회장은 이중각이었다. 물론 실질적인 일은 방정환이 도맡아 했다.

방정환은 토지 조사국에서 함께 일하던 유광렬을 찾아서 자신의 계획을 밝혔다.

"광렬아, 이제 때가 온 것 같다. 우리 같이 나라를 위해 일해 보자."

"좋아. 나는 언젠가 우리가 함께 일할 것이라 믿고 있었어."

방정환과 유광렬은 길게 말하지 않았지만 서로의 눈빛만으로도 모든 걸 알 것 같았다.

회원들은 차근차근 일을 진행시켰다. 회원들의 글을 실은 회보를 펴내는가 하면, 야외 모임을 가지기도 했다. 이 야외 모임의 이름은 '밤 따 먹기 대회'였다. 하지만 그것은 겉으로 내세운 구실일 뿐, 사실은 비밀리에 회의를 하기 위한 모임이었다. 이런 치밀한 계획을 일본 경찰이 알 리가 없었다. 말하자면 청년 구락부의 꾀에 일본 경찰이 보기 좋게 넘어간 것이다.

그해 12월에는 봉래동 소의 학교 강당에서 회원들을 모아 망년회를 열었다. 망년회라고 해서 한 해를 돌이키며 신나게 노는 것이 아니라, 청년 구락부의 결의를 더 강하게 다지는 자리였다.

이 자리에서 방정환은 직접 대본을 쓰고, 주연과 연출까지 맡은 〈동원령(動員令)〉이라는 연극을 선보였다. 방정환은 이 연극을 오래 전부터 준비해 오고 있었다. 어린 시절부터 연극이나 공연에 관심이 많았던 터라 준비하는 것은 그리 어렵지 않았다. 일본의 감시와 탄압에 견디지 못한 우리나라 사람들이 살 길을 찾아서 고향을 떠난다는 내용이었다. 방정환이 이런 내용의 연극을 보인 이유는, 청년 구락부 회원은 물론 우리 국민 모두가 힘을 모아 일제를 물리쳐야 한다는 것을 마음에 새기기 위해서였다.

그러나 일본 경찰의 감시를 의식하지 않으면 안 될 상황이라서 〈○○령〉이라는 제목만 내걸 수밖에 없었다. 이 제목만으로는 어떤 내용인지 알 수 없는 노릇이었다. 방정환은 일본인의 눈을 속이는 일에도 제법 능수능란해졌다.

《신청년》을 펴내다

야외 모임에서 회원들은 많은 토론을 하였고, 모임의 의미를 마음에 새겼다. 그때 누군가의 입에서 회보를 발행하자는 의견이 나왔다. 자신들의 모임을 만남 자체로 그치지 말고 회보로 남기자는 것이었다. 회원들은 모두 이 의견에 동의했다.

결국 1919년에 《신청년》이라는 이름의 잡지가 발간되었다.

방정환은 청년 구락부 일을 하는 동안에도 틈틈이 공부했다. 그 결과 장인 손병희가 경영하는 보성 전문학교(지금의 고려 대학교)에 다시 입학하게 되었다. 다소 늦은 감이 있었지만 어린 시절 공부를 제대로 하지 못한 것이 마음에 걸려서, 차근차근 다시 공부하기로 했다. 힘을 기르기 위해서는 더 많은 것을 배워야 한다고 판단했기 때문이다.

방정환은 학업을 하면서도 청년 구락부의 일을 게을리하지 않았다. 청년 구락부의 힘은 나날이 커져 갔다.

| 근대의 교육 기관 |

원산 학사(1883)
우리나라 최초의 근대적 학교이다. 강화도 조약에 따라 개항된 원산의 지방민들이 자발적으로 기금을 모아 세웠다. 밀려오는 외세에 대항하고 실학적 전통을 계승하기 위해서였다.
문예반 50명·무예반 200명으로 이루어져 있었고, 개화를 지향하는 청소년들 중에서 일정한 지식을 소유한 사람들을 학생으로 모집했다.

동문학(1883~1886)
나라에서 최초로 만든 외국어 교육 기관이다. 강화도 조약을 계기로 미국을 비롯한 서구 여러 나라들과 외교 관계를 맺으면서 외국어 통역관의 양성이 시급해졌다. 그래서 영어 통역관을 기르기 위해 영어 교육 기관으로 설립하였다. 육영 공원이 설치되면서 폐교되었다.

육영 공원(1886~1894)

나라에서 세운 최초의 현대식 학교이다. 서양 문명이 대량으로 들어오면서 근대식 교육 기관을 통해 근대 교육을 실시해야 함을 절감하여 설립했다. 그러나 고관 자제들만을 수용하고, 외국인 교수들에게 어학 교육을 주로 받는 특수 학교였기 때문에 민족 사회에 뿌리내리지 못하고 폐교되었다.

육영 공원에서 수업하는 모습

육영 공원에서 사용한 교재

목숨을 걸고 만든 조선독립신문

1919년 3월 1일

드디어 올 것이 왔다. 그동안 참고 참았던 민족의 울분이 화산처럼 터져 솟구쳐 올랐다. 사람들은 손에 손에 태극기를 들고 '대한 독립 만세'를 외쳤다. 전국에서 대한 독립 만세의 함성이 터져 나왔다.

"청년 구락부 회원 여러분! 우리도 함께 합시다!"

방정환은 회원들을 이끌고 거리로 뛰쳐나왔다.

1919년 3월 1일, 경성부청(지금의 서울 시청)에 모인 사람들이 만세를 부르고 있다.

　가슴이 터질 듯한 슬픔과, 독립을 향한 의지는 온 국민을 하나로 뭉치게 했다. 그러나 태극기를 쥔 손으로는 일본의 총칼을 당해 낼 재간이 없었다.
　'나는 일본에 맞서 싸울 힘은 없지만 글의 힘으로 나라를 지킬 것이다!'
　방정환이 새롭게 마음에 품고 있는 계획이 있었다. 그것은 독립신문을 만드는 일이었다.
　방정환이 만들려고 했던 독립신문은 우리가 알고 있는 서재필 박사가 펴낸 것과 다른 것이다. 이 신문은 보성 전문학교가 자체적으로 펴낸 신문이었다. 당시 방정환이 다니던 보성 전문학교의 교장은 윤익선이었다. 윤익선 교장은 1919년 3월 1일 자 〈조선독립신문〉을 펴낸 일로 체포되어서 조선독립신문은 폐간될 위기에 처해 있었다. 방정환은 이 사실을 누구보다 안타깝게 생각하고 있었던 터였다.

| 서재필의 〈독립신문〉 |

1896년 4월 7일, 독립 협회의 서재필이 창간한 우리나라 최초의 민간 신문이다. 4면 가운데 3면은 한글만으로 편집하고, 마지막 1면은 영어로 편집하였다. 자주 독립 정신과 근대적 민권 의식을 북돋우는 등 민중 계몽을 위해 힘썼다. 하지만 이 신문이 정부의 탄압을 받는 한편, 수구파(진보적인 것을 외면하고 옛 제도나 풍습을 그대로 지키고 따르려는 보수적인 무리)의 미움을 사게 되자 서재필은 1898년 5월에 미국으로 돌아갔다. 그 뒤 윤치호가 운영을 맡았으며, 선교사 H. G. 아펜젤러, 엠벌리 등 외국인들이 운영하다 정부가 신문을 매수하여 1899년 12월 4일 자로 폐간하였다.

"우리가 독립신문을 다시 발행하는 게 어떻소? 이렇게라도 해서 우리의 의지를 보여 주어야 하지 않겠소?"

방정환의 의견에 회원들은 모두 찬성했다.

신문은 등사판으로 인쇄하여 내는 것으로 의견이 모아졌다. 그러나 장소가 문제였다. 비밀리에 하는 일이라서 장소 문제가 가장 고심거리였다.

"우리 집에서 하는 게 좋겠소. 마침 사람들 출입이 드문 뒷방이 비어 있소."

방정환은 위험을 무릅쓰고 자신의 집에서 인쇄를 하기로 결정했다.

"하지만 무슨 수로 신문 기사를 모으죠? 일본이 저렇듯 감시가 심한데."

하는 일마다 사사건건 발목을 잡는 일본 때문에 회원들의 출입이 쉽지 않았다.

"걱정 마시게. 외국 소식은 무선 장치를 가지고 있는 선교사들에게 부탁하고, 나라 안 소식은 각 지방 학생들에게 부탁해 놓았네. 그러니까 우리는 신문을 만드는 일에만 최선을 다하면 되네. 아 참! 저들이 언제 들이닥칠지 모르니 몸조심들 하시게."

긴장감 속에서 신문은 발행되었다. 발행된 신문은 학생들의 손에 의해 비밀리에 배달되었다.

신문을 발행하는 일도 목숨을 내놓고 하는 일이었지만 배달하는 일도 만만치 않았다. 일본의 감시가 날이 갈수록 심해지고 있어서 신문을 돌리고 돌아오면 온몸에 식은땀이 흘렀다.

그러나 이 숨 막히는 작업은 오래가지 못했다. 신문을 발간한 지 겨우 3주일째 접어드는 새벽에 일은 터지고 말았다.

종로 경찰서 형사들이 70명이나 되는 경찰을 동원하여 방정환의 집을 에워쌌다. 누군가가 밀고를 한 것이다.

"어떻게 알아냈지?"

"우리들 속에 첩자가 있단 말인가?"

"지금 그게 문제가 아닐세. 어서 이 물건들을 숨겨야 해. 어서!"

방정환은 황급히 주변을 둘러보다가 우물을 발견했다. 방정환은 신문 발행에 쓰던 등사판과 잉크와 종이를 두 눈 질끈 감고 우물에 던졌다. 회원들은 감쪽같이 주변을 정리하고, 밤새 놀다가 술에 취해 자는 사람들처럼 흩어져 누웠다.

"문 열어라! 어서! 너희들이 뭘 하는지 다 알고 왔다."

형사들이 대문을 발로 차고 난동을 부렸다. 방정환은 자다 깬 사람처럼 능청스럽게 문을 열었다.

일본 형사들은 방정환을 밀치고 방을 수색하기 시작했다. 온 방 안을 뒤졌지만 종이 조각 하나 찾아내지 못했다.

"이 약삭빠른 놈들, 그새 어디로 다 빼돌렸어?"

"빼돌리다니, 우린 그냥 술에 취해 자던 중이었소."

일본 형사는 아무런 증거물도 찾지 못하자 방정환에게 수갑을 채웠다.

"당신, 경찰서에 좀 가야겠어!"

"싫소. 나는 경찰서에 갈 일이 없소. 당신네들이 이 땅의 주인이오? 왜 남의 나라에서 행패요!"

일본 형사는 방정환의 정강이를 걷어찼다. 방정환이 퍽 하고 쓰러졌다.

경찰서에 끌려간 방정환은 말로 다 표현 못 할 고문을 당했다. 사람이 겪을 수 있는 최악의 고통을 방정환은 혼자서 이겨 내야 했다. 까무러쳤다가 다시 깨어나기를 몇 차례 반복했다.

"신문을 만들었다고 말해! 그럼 너를 풀어 주겠다."

형사는 방정환을 다그쳤다.

"없는 일을 만들어 낼 수는 없다!"

방정환은 이미 죽기를 각오하고 있었다. 방정환에게는 그 어떤 고문도 통하지 않았다.

"아니, 이런 독종이 있나. 너 같은 놈은 처음 봤다."

증거가 될 만한 물건도 찾지 못하고, 자백도 받아 내지 못한 일본 형사는 방정환을 놓아줄 수밖에 없었다. 경찰서에 잡혀간 지 일주일 만에 방정환은 초죽음이 되어 풀려났다.

그럼에도 불구하고 독립신문을 만드는 일은 계속했다. 이미 나라를 위해 죽을 각오를 한 방정환에게 무서울 것은 아무것도 없었다. 무엇보다 방정환 곁에는 이 나라를 위해 목숨을 내건 피

끓는 청년들이 있었다.

3·1 운동은 실패로 돌아갔다. 수많은 사람들이 일제의 총칼 앞에서 쓰러졌다. 일제의 탄압은 더욱 심해졌다.

'아! 나에게 무슨 힘이 있나? 나라를 위해 무엇을 할 수 있단 말인가!'

방정환은 스스로를 책망했다. 자신의 능력이 너무나 보잘것없다는 생각에 괴로웠다. 수없이 많은 무고한 사람들이 희생되었다. 독립신문을 펴내는 일도 목숨을 내건 일이었지만, 그것으로는 무언가 부족했다.

"그래. 일본으로 가자. 가서 공부를 더 해야겠다. 여긴 일본 놈의 감시가 너무 심해."

방정환은 마침내 일본행을 결심했다. 일제의 총칼을 빈손으로 막을 수는 없는 노릇이었다. 공부를 더 해서 소년 운동의 꿈을 보다 구체적으로 펼칠 수 있는 기반을 마련할 계획이었다.

1920년 봄, 방정환은 가족의 염려 속에서 혼자 일본 유학길에 올랐다.

| 3·1만세 운동 |
1919년 3월 1일, 일본의 강제적인 식민지 정책으로부터 자주독립할 목적으로

일으킨 민족 독립운동이다. 1910년 이후 일본은 강력한 *무단 정치를 실시했다. 헌병 경찰 제도를 실시하여 독립 운동 투사들을 탄압하고, 민족 의식을 억누르는 교육 정책을 실시했다. 또한 토지·광산·철도·금융 등 모든 분야의 권리를 독점하여 경영하였으며, 토지 조사 사업의 실시로 대부분의 농민들은 땅을 잃고 유랑할 처지에 놓였다.

제1차 세계 대전이 독일의 패전으로 끝난 뒤, 1918년 1월 미국 대통령 윌슨은 파리 평화 회의에서 '민족 자결주의'를 제창하였다. 민족 자결주의란 '각 민족의 운명은 그 민족 스스로 결정한다'는 원칙이다. 이 원칙은 나라의 독립을 위해 싸우고 있던 독립운동가들에게 희망의 소식으로 다가왔다. 그리고 1919년 1월에 고종 황제가 승하하고, 일본이 고종 황제를 독살했다는 소문이 돌자 일본에 대한 반감은 더욱 높아지게 되었다.

이러한 상황들은 민중들이 일어나는 데 더욱 힘을 실어 주었고, 천도교의 대표 손병희를 비롯한 민족 대표 33인의 주도로 3월 1일 서울에서 대대적으로 만세 운동이 일어나게 되었다. 3월 1일, 민족 대표 29인은(33인 가운데 4명은 참석하지 못함) 탑골 공원 근처에 있는 음식점 태화관에 모여 독립 선언서를 낭독하고 체포되었다. 한편 탑골 공원에서는 학생 대표 정재용이 독립 선언서를 낭독한 뒤 시위를 시작했다. 만세 운동은 서울에서만 벌어진 게 아니었다. 전국 여러 곳에서 동시에 일어났으며, 미국과 일본 등 외국에 사는 동포들도 만세 운동을 벌였다. 3·1 만세 운동은 식민지 상태인 중국, 인도, 인도네시아, 터키 등의 국민들에게도 영향을 미쳤다. 일본은 3·1 만세 운동을 무참히 진압하였으나, 무력만으로는 우리나라를 지배하기가 어렵다는 것을 깨달았다. 3·1 운동은 무단 통치를 문화 통치로 전환하는 계기가 되었다.

*무단 정치 : 군대나 경찰 따위를 이용해 무력으로 행하는 정치.

눈엣가시, 방정환을 감시하라!

일본에 도착한 방정환은 도쿄에서 작은 자취방을 구했다. 그리고 동양 대학(東洋大學) 철학과에 입학했다. 그곳에서 방정환은 어린이 문학과 심리학을 전공했다. 그것은 방정환이 꿈에도 그리던 공부였다. 앞으로 펼쳐 나갈 소년 운동의 밑거름을 다져 나가기 위한 공부였기 때문이다.

공부만 해도 시간이 부족했다. 밤을 새워 책을 읽고, 코피를 쏟으면서까지 공부에 전념했다. 몇 끼를 굶고도 배고픈 줄 몰랐다. 일본 학생들은 방정환을 '독종', '공부 벌레'라고 불렀다.

그 와중에도 방정환은 천도교 청년회 도쿄 지부의 회장직을 맡았다. 이 모임은 도쿄에 유학 온 한국 학생들이 나라를 위해 일하려고 만든 학생 단체였다. 방정환은 또 《개벽》이라는 잡지의 도쿄 특파원까지 맡고 있었다. 정말 몸이 열 개라도 모자랄 판이었다.

이렇게 일본에서 고국의 일을 도맡아 하다 보니 자연히 서울과 도쿄를 오가는 일이 잦아졌다. 일본은 이런 방정환을 잠시도 가만 놔두지 않았다.

그즈음 친일파로 알려진 민원식이라는 사람이 쥐도 새도 모르게 살해되었다.

일본 경찰은 일본에 있는 천도교 청년 회원들에게 혐의를 덮어씌우고 회원들을 잡아갔다. 잡혀간 회원들이 겪은 고초는 말로 다 설명할 수 없을 정도였다. 방정환은 회장직을 맡고 있었던 터라 그 누구보다 심한 고문을 받아야 했다.

그 일이 있고부터 방정환은 두 명의 일본 형사에게 감시를 당하는 처지가 되었다. 그들은 방정환의 일거수일투족을 살피려는 듯 잠시도 방정환의 곁을 떠나지 않았다. 방정환도 일본 형사의 존재를 알고 있었다. 방정환이 눈치를 채자 그들은 아예 내놓고 방정환의 꽁무니를 따라다녔다. 방정환이 무슨 일을 하는지, 어떤 사람을 만나는지, 어떤 모임에 참석하는지를 낱낱이 일지에 써서 상부에 보고하는 모양이었다.

"형사 양반, 할 일이 그리 없나. 나는 오늘 아무 데도 가지 않고 집에 있을 테니 염려 말고 돌아가서 쉬게."

방정환은 잠시도 쉬지 않고 자신을 감시하는 일본 형사가 오히려 안쓰러웠다.

"그, 그럴 텐가? 그럼 그리하겠네."

감시당하는 독립운동가와 일본 형사 사이에 이런 대화가 오가다니……. 하지만 사실이 그랬다.

"이보시게. 오늘은 날도 궂은데 들어와서 차나 한잔 하고 가게."

방정환이 대문 밖에서 졸고 있는 형사들을 불러 차를 대접하는 날도 있었다.

두 명의 형사 가운데 순진하고 아둔한 젊은 형사는 야간 대학에서 법학을 공부하는 법학도였는데, 낮에는 잠이 부족해서 자주 꾸벅꾸벅 졸았다. 방정환은 대문 앞에 서서 벽에 쿵쿵 머리를 박으며 졸고 있는 형사를 집 안으로 불러 낮잠을 재워 주기도 했다.

또 한 명의 형사는 나이가 지긋한 사람이었다. 방정환은 자신을 따라다니느라 힘들어하는 모습이 불쌍해서 가끔 방으로 불러 휴식을 취하게 해 주었다.

아무리 일본 사람이라고는 하지만 그런 방정환의 배려에 감동하지 않을 수 없었다.

"우리를 이해하시오. 상부에 보고서를 올려야 하니 어쩔 수 없소. 또 처자식도 먹여 살려야 하고……."

"그러면 내가 지금 말하는 대로 보고서를 쓰고 당신은 내 방에서 잠이나 자는 게 어떻겠소."

"고맙소."

"당신이 만일 일본인 형사가 아니고, 같은 나라 사람이었다면 우린 좋은 친구가 되었을 것이오."

일본인 형사는 이 인정 넘치는 조선의 독립운동가에게서 진한

친밀감을 느꼈던 모양이다.

 비 오는 어느 날 오후였다. 도서관에서 나오던 방정환은 하염없이 쏟아지는 소낙비를 바라보고 있었다. 그때 누군가가 방정환의 어깨를 툭 치며 말을 걸었다.

 "뭘 그리 골똘히 생각하고 있소?"

 바로 늙은 일본인 형사였다. 방정환이 비를 맞을까 봐 우산을 챙겨 온 것이었다.

 "아니, 여기서 나를 기다렸소? 내가 언제 나올 줄 알고……."

"기다리긴 뭐……, 기다렸다기보다는 나도 이곳에 볼일이 있어서……."

일본인 형사는 부끄러워하며 검정 우산 하나를 내밀었다. 방정환은 고맙다는 말은 차마 하지 못하고 일본인 형사에게 웃음을 지어 줄 뿐이었다.

| 우리나라 최초의 비행기 조종사 안창남과 방정환의 인연 |

안창남과 방정환은 미동 공립 보통학교 선후배 사이였다. 안창남은 1918년 일본으로 건너가 비행기 제조법, 조종술을 배웠다. 그 뒤 오쿠리 비행 학교의 교수가 되어 조종술을 강의하던 중 일본에 반대하는 말을 했다가 쫓기는 신세가 된 적이 있었다. 그때 일본에 있던 방정환은 일본 경찰에게 쫓기는 안창남을 자신의 집에 숨겨 주고, 무사히 고국으로 돌아갈 수 있도록 힘을 써 주었다. 훗날 방정환은 그의 이름을 따서 자신의 동화 《만년 샤쓰》의 주인공 이름을 '한창남'이라고 지었다. 《만년 샤쓰》는 방정환이 쓴 동화 가운데 대표적인 작품으로, 가난하지만 모든 일에 쾌활하고 적극적인 주인공이 어려운 현실을 극복해 가는 이야기를 담았다.

세상을 향해 걸어 나온 이름, 어린이

어린이 운동을 시작하다

1921년, 방정환은 일본에서 하던 학업을 잠시 중단하고 다시 서울로 돌아왔다. 공부를 더 하고 싶었지만 흐르는 시간이 아까웠다.

방정환은 그동안 계획했던 일을 다시 진행시켰다.

'천도교 소년회'가 그 첫 번째였다. 방정환은 소년 운동을 좀 더 조직적으로 하고 싶은 마음에 천도교 소년회를 만들었다. 천도교 소년회는 많은 사람들의 호응을 얻어서 회원이 순식간에 늘어났다. 소년회에서 내건 표어는 이랬다.

'씩씩하고 참된 소년이 됩시다.'

'늘 사랑하며 도와 갑시다.'

방정환은 전국을 돌아다니며 강연을 했다.

방정환의 소년 운동은 다른 이들이 펼치는 운동과는 성격이 달랐다. 방정환이 주장하는 것은 단순히 아이들을 잘 키우자는 것에서 그치지 않았다.

"아이들을 한 사람의 인격체로 인정해 주어야 합니다."

"아이들에게 존댓말을 써야 합니다. 그래야 아이들이 자라서 남을 존중할 줄 아는 어른이 될 것입니다."

하지만 이런 내용은 평범하게 살아가는 서민들에게 통하지 않았다. 오히려 반감만 살 뿐이었다. 급기야 뒤에서 수군거리며 손가락질하는 사람도 생겨났다.

"먹고 살기 바쁜데 아이들을 돌볼 시간이 어디 있어!"

"아이들에게 존댓말을 쓰라니. 저 사람은 애, 어른 구분도 없나?"

방정환은 본의 아니게 욕을 먹기도 했다. 그러나 그런 자잘한 일에 의지를 굽히지 않았다.

이러한 방정환의 노력 덕분에 천도교 소년회의 규모는 점점 커졌고, 지방에서도 모임이 결성되기에 이르렀다. 이천의 '설악 소년회', 창원의 '진동 소년회', 강릉의 '불교 소년회' 등이었다.

소년회에서는 주로 휴일에 모임을 가졌다. 유감스럽게도 학교에서는 아이들이 소년회에 가입하는 것을 반대했다. 이것 역시 일본이 시킨 일이었다.

그래서 선생님과 부모님 몰래 소년회에 가입해서 활동하는 아이들이 대부분이었다. 방정환도 그 사실을 알고 있었기에 회원들을 하나같이 소중하고 귀하게 여겼다.

소년회에서는 크게 문예부와 체육부로 나누어서 활동을 하였다. 문예부에서는 주로 글짓기, 동시 짓기, 음악, 연극 따위를 하였고, 체육부에서는 축구 시합, 소풍, 산놀이 등을 하였다.

소년회에서 아이들을 가르치는 선생은 모두 능력을 갖춘 사람들이었다. 이곳에서 선생과 아이들은 그저 의미없이 놀기만 하는 게 아니었다. 예를 들어 산놀이를 할 때는 자연을 공부하였고, 축구 시합을 하면서 몸을 튼튼하게 단련시켰다. 그러면서도 우리나라의 비참한 현실을 일깨워 주고, 힘을 길러야 한다고 가르쳤다.

첫 번째 번역 동화집 《사랑의 선물》

방학이 끝나자 방정환은 다시 일본으로 건너갔다. 그리고 언제나 그랬듯 열정을 다해 공부했다.

그러던 어느 날, 방정환은 책을 사기 위해 서점에 갔다가 놀라운 장면을 보게 되었다. 일본 아이들이 서점 바닥에 앉아 행복한 표정으로 동화책을 읽고 있는 것이었다. 아이들은 재미있는 이야기에 흠뻑 빠져서 깔깔거렸다. 심각한 얼굴로 책 속에 빠진 아이들도 있었다.

방정환은 그 순간 우리나라 아이들의 얼굴이 떠올랐다.

"아, 내가 왜 이제야 이걸 깨달았지?"

당시만 해도 우리나라에는 아이들이 읽을 만한 마땅한 책이 없었다. 이에 반해 일본의 문화는 우리나라보다 한발 앞서 있어서, 일본 아이들은 이미 다양한 이야기를 접하고 있었다.

방정환은 우리나라 아이들이 일본의 아이들보다 뒤처진다는 생각을 하자, 분하고 화가 나서 잠을 이룰 수가 없었다.

다음 날, 방정환은 만사를 제쳐 놓고 아이들을 위한 새로운 일을 시작했다. 계획에도 없던 일이었지만 늦출 수가 없었다. 바로 아이들이 읽을 동화책을 만드는 일이었다.

먼저 세계 명작 동화 번역 작업에 들어갔다. 많고 많은 이야기를 꼼꼼하게 읽었다. 그리고 우리나라 아이들에게 용기와 희망을 주고, 따뜻한 마음을 길러 줄 수 있는 작품을 골랐다. 고단한 나날이었지만 책을 받아 들고 좋아할 아이들 생각에 피로를 잊었다. 방정환은 겨울 내내 이 작업에 매달렸다. 그리고 1922년 봄, 드디어 번역한 원고를 들고 고국으로 돌아왔다.

《사랑의 선물》이라는 이름으로 세상에 얼굴을 내민, 손바닥만큼 작은 이 책은 우리나라 최초의 동화집이 되었다.

《사랑의 선물》은 소년 운동에 온몸을 던진 방정환이 우리 아이들에게 주는 진정한 선물이었다.
《사랑의 선물》 머리말에 방정환은 이렇게 적었다.

학대받고, 짓밟히고, 차고 어두운 속에서 우리처럼 또 자라는 불쌍한 어린 영들을 위하여, 그윽이 동정하고 아끼는 사랑의 첫 선물로 나는 이 책을 짰습니다.

《사랑의 선물》은 나오자마자 대단한 인기를 얻었다. 아이들은 이 특별하고 재미난 선물을 받아 들고 좋아했다. 그 모습에 방정환은 말할 수 없는 기쁨과 보람을 느꼈다.

어린이, 어린이!

방정환의 머릿속에는 언제나 어린아이에 대한 생각으로 가득 차 있었다. 그래서인지 고민도 많았다. 그 무렵 방정환이 가장 골똘하게 생각하고 있던 것은 바로 어린아이를 부르는 호칭에 관한 문제였다.

당시 어른들은 아이를 '애놈', '애새끼', '자식 놈'이라며 상스럽게 불렀다. 방정환은 미래의 주인이 될 아이들을 위한 바람직한 이름이 있어야 한다고 생각했다.

이 고민은 정말 소중하고 중요하지만 무척이나 어려운 것이었다.

'어린 영……, 어린 사람……, 어린아이…….'

방정환은 어린 사람이라는 말을 놓고 사람이라는 말을 다시

'어린이'로 바꾸어 보았다.

'어린이, 어린이…… 어린이라! 옳지 이거다!'

어린이라는 말은 참으로 듣기 좋고, 부르기 좋았다. 입안에서 속삭여 보니 단정하고 기운찬 느낌이 들었다.

"어린이라고? 참 예쁜 이름이야."

"어린이, 어린이……. 정말 듣기 좋은걸."

사람들의 반응도 좋았다. 마치 어린이라는 이름을 기다리기라도 한 것처럼 반기고 환영했다.

그런데 이 '어린이'라는 말과 관련해 한 가지 알아 두어야 할 것이 있다. '어린이'를 방정환보다 더 먼저 쓴 사람이 있다는 사실이다.

1914년 10월 1일에 육당 최남선 선생이 잡지 《청춘》을 창간하였는데, 이 잡지에 이미 '어린이의 꿈'이라는 시가(詩歌)가 실렸다. 그러니까 맨 처음 어린이라는 말을 쓴 사람은 최남선 선생이었다. 이런 사실이 사람들에게 알려지지 않았다가 다시 방정환에 의해 어린이라는 낱말이 새 생명을 얻은 것이다.

이 어린이라는 말은 널리 퍼져 나갔다. '방정환' 하면 '어린이', '어린이' 하면 '방정환'을 떠올릴 정도로 방정환과 어린이는 사람들의 마음속에 자리 잡기 시작했다.

두 번째 선물, 잡지《어린이》

《사랑의 선물》을 펴내고 용기를 얻은 방정환은 어린이를 위한 두 번째 선물, 잡지《어린이》를 펴냈다.

초기에는《어린이》라는 이름 대신 천도교 소년회의 이름으로 내놓았다. 방정환은《어린이》에 실린 모든 글을 혼자서 썼다. 도쿄에서 기사를 작성하고 편집을 해서 서울로 보내는 식이었다. 이 잡지가 나오기까지 우여곡절이 많았다. 아니 좀 더 정확히 말하자면 고난의 연속이었다는 표현이 맞겠다.

모두 일본의 검열 때문이었다. 조선 총독부에서 잡지에 실리는 기사를 먼저 읽고, 조금이라도 눈에 거슬리는 기사가 있을 때는 가차 없이 잘라 버렸던 것이다.

가령, 일본을 직간접적으로 비방하는 내용, 국민들을 선동하는 내용, 자기들에게 조금이라도 불리한 내용이 있으면 이유 불문하고 삭제시켜 버렸다.

방정환이《어린이》를 펴내는 이유는 어린이들에게 꿈과 희망, 그리고 나라가 처한 상황을 바로 알고 애국의 마음을 길러 주기 위함이었다.

그런데 검열이라는 이유로 기사를 난도질하는 바람에 맥이 빠졌다. 하고 싶은 말을 못하게 하자 방정환은 의욕이 없어졌다. 애

써 모은 재산을 하루아침에 도둑맞은 기분이랄까? 훔친 자가 누구인지 알면서도 입도 뻥긋 못하는 자신이 부끄럽기까지 했다.

'이하 ○줄 삭제.'

'사정에 의해 실리지 못함.'

'다음 호에 실림.'

이 같은 광고로 처리할 수밖에 없는 방정환의 비통함을 사람들은 알았을까?

방정환은 이때의 울분을 잡지에 실은 적이 있다. 이 글도 조선총독부의 눈에는 거슬렸지만, 그렇다고 삭제시킬 명분이 없어서 그냥 두었다.

《어린이》 창간호가 3월 1일에 여러분 어른께 첫인사를 드릴 작정으로 미리 광고까지 하였습니다마는, 세상일이란 마음대로 되지 아니합니다. 소위 원고 검열하는 절차가 어떻게 까다로운지 여기저기 왔다 갔다 하는 동안에 어느덧 이십여 일이 획 지나가고, 인쇄하는 동안에 또 며칠이 걸리고 하여 이제야 비로소 변변치 못한 면목을 내어놓습니다. 그런 가운데도 내용 기사 중에 짭짤한 구절은 원고 검열할 적에 꼭꼭 삭제를 당하여 마치 꼬리 잘린 족제비 모양이 되었습니다. 그러나 저의 잘못한 탓으로 그러한 것은 아니

외다. 여러 어른께서는 이왕 지내보신 경험이 계실 터이온즉 저의 사정을 깊이 통촉하시와, 많이 용서하시고 내내 두터운 사랑을 주시기 바라나이다.

| 조선 총독부와 검열 |

일본은 을사조약을 맺으면서 대한 제국의 외교권을 장악하고, 통감부를 통해 우리나라를 통치했다. 한일 합병 뒤에는 통감부를 폐지하고 조선 총독부를 설치했다. 초대 총독으로는 통감이었던 육군 대장 데라우치 마사타케가 취임하였다. 총독에게는 조선에 있는 일본 육군과 해군을 통솔할 수 있는 권한, 법률을 필요로 하는 사항을 정할 수 있는 권한 등 폭넓고 강력한 권한이 부여되었다. 총독부 관리는 대부분 일본인이었고, 우리 민족은 일본 국내법의 보호를 받지 못하여 기본적인 권리조차 보장받을 수 없었다.

1910년대에는 헌병과 경찰을 통합하여 무력을 이용한 철저한 무단 통치를 실시했다. 1919년의 3·1 만세 운동을 계기로 1920년대부터는 우리 민족의 저항과 국제 여론의 비난을 피하기 위해 문화 통치를 내세웠으나, 실제로는 교묘하게 민족 분열을 조장하고 통제를 강화했다. 1930년대에는 민족 말살 정책을 펴기 시작하여 학생들에게 일본식 교육을 시키고, 한글 신문을 강제로 폐간하고, 사람들의 이름을 일본식으로 바꿀 것을 강요했다.

조선 총독부는 영화, 잡지, 신문, 음악 등에 대한 검열도 철저히 했다. 방정환이 주로 활동했던 문화 통치 시기에, 일제는 언론과 문화 전반을 통제하는 새로운 기관을 만들었다. 신문, 잡지, 단행본은 내용을 검열하여 삭제 또는 압수했고, 발행인을 잡아들이거나 아예 잡지를 내지 못하게 하기도 했다. 일본 황실을 모독하거나 국제 관계에 나쁜 영향을 끼치는 내용 등은 보도할 수 없었는데, 법이 아닌 경고와 주의도 실질적으로는 법과 같은 힘을 가지고 있었다.

일제 통치의 시대별 전개
1. 헌병 경찰 통치 시기(무단 통치) 1910~1919
2. 민족 분열 통치 시기(문화 통치) 1919~1931
3. 민족 말살 통치 시기 1931~1945

열여덟 명의 독자

1931년 잡지 《어린이》가 창간 100호를 맞았을 때 말도 안 되는 일이 벌어졌다. 원고 전체가 검열에 걸린 것이다. 그 어느 때보다 정성을 들여 쓴 기사를 빼앗기자 방정환은 속이 새까맣게 타들어 갔다.

그렇다면 《어린이》 창간호가 나왔을 때 사람들의 반응은 어땠을까?

방정환은 《어린이》의 책값을 처음에는 5전으로 정했다. 터무니없이 싼 가격이었음에도 불구하고 사람들은 책을 사지 않았다. 아니, 정확히 말하면 책을 사는 일 따위에 돈을 쓰려고 하지 않았다. 물론 방정환은 돈을 벌기 위해 《어린이》를 펴낸 것은 아니었다. 다만 《어린이》를 조금이라도 소중하게 여겨 줄 것을 기대하고 값을 매긴 것이다.

방정환은 생각 끝에 공짜로 잡지를 보내 주겠다는 광고를 내게 되었다.

'주소를 알려 주면 무상으로 잡지를 보내 드리겠습니다.'

방정환은 잔뜩 기대에 부풀어 소식을 기다렸으나 고작 열여덟 명의 독자만이 책을 부탁해 왔다.

'어떻게 펴낸 잡지인데……. 고작 열여덟 명이라니.'

실망스러웠다. 그러나 방정환은 《어린이》 발행을 멈추지 않았다. 대신 더 많은 아이들에게 《어린이》를 읽히기 위해 직접 거리로 나섰다.

"자, 어린이를 위한 잡지입니다. 이 속에 꿈과 희망이 있습니다!"

방정환은 목청껏 소리쳤다.

"저 사람 참 할 일 없는 사람이군. 아직도 저 짓을 하고 있다니."

"이렇게 살기 힘든 때에 책은 무슨 책이야."

어른들은 방정환을 달가워하지 않았지만 아이들은 달랐다. 방정환이 나누어 주는 《어린이》를 받고는 두 눈을 동그랗게 뜨고 그 자리에서 읽었다.

아이들은 재미있는 이야기를 읽으며 천진하게 깔깔거렸고, 슬픈 대목에서는 눈시울을 적셨다. 방정환은 그렇게 티 없이 맑은 아이들에게서 희망을 보았다.
　다행히도 시간이 지나자 사람들은 서서히 《어린이》에 관심을 보이기 시작했다. 독자 수도 꾸준히 늘어났고, 책의 내용도 다양해졌다. 자연히 발행하는 부수도 늘어났다.
　공짜로 나누어 주었던 잡지를 다시 5전의 값을 쳐서 받다가 나중에는 10전을 받았다.

| 《어린이》가 자라나기까지 |

방정환은 도쿄에서 유학하면서 색동회를 조직하였고 천도교와 개벽사의 후원을 받아 1923년 어린이 잡지 《어린이》를 창간했다. 《어린이》는 1949년 폐간될 때까지 137호를 발행했는데, 처음에는 일반 신문 절반 크기에 12쪽으로 된 신문 형식이었으나, 8호부터 70쪽 내외의 책자 형식으로 바뀌었다.

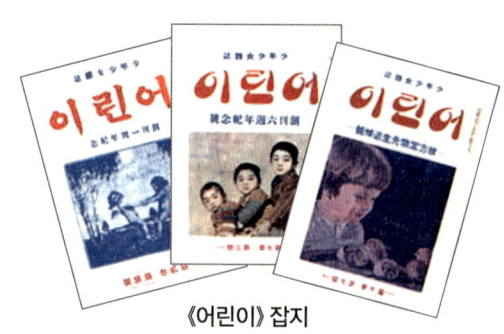
《어린이》 잡지

어린이들이 재미있고 쉽게 읽을 수 있도록 삽화나 사진을 넣어 다양하게 꾸몄다. 또한 다양한 분야의 이야기를 다루고 있어, 지금의 어떤 잡지보다도 풍성함을 느낄 수 있게 해 준다.

'명작 동화', '세계 소년', '새 소식', '동요', '흥미 있는 심심풀이', '각 지방 소년회 소식', '듣고 본 이야기 중에 감명 깊게 생각되는 이야기', '상식' 따위의 이야기를 다루었다. 최초로 동요, 동화 창작품을 실었다는 점에서 큰 의의가 있는 만큼, 어린이 문학사에 길이 남는 좋은 작품이 많이 수록되었다. 마해송의 〈어머니의 선물〉 〈바위나리와 아기별〉, 방정환의 〈형제 별〉, 윤극영의 〈반달〉, 이원수의 〈고향의 봄〉, 윤석중의 〈오뚜기〉 들이다.

《어린이》는 아동 문학에 대한 관심이나 이론이 전혀 없었던 일제 강점기의 한국 문단에 길잡이 노릇을 했을 뿐 아니라, 현재의 어린이 문학에도 많은 영향을 끼치고 있다.

《어린이》는 1930년, 76호가 되는 시점에는 3만 부를 발행하는 성과를 올렸고, 나중에는 없어서 팔지 못할 정도로 사랑을 받았다.

노래쟁이 윤극영, 이야기쟁이 방정환

스스로 지은 호, 소파(小波)

 어린이들에게 좋은 동화를 들려주겠다는 욕심은 점점 커져 갔다. 이 욕심은 일본의 아동 문학가 *이와야 사자나미를 만난 뒤 더 강해졌다.

 이와야 사자나미는 동화를 번역하는 실력도 뛰어났고, 동화 구연도 썩 잘하는 사람이었다. 일본에서 우연한 기회에 그의 동화 구연을 듣게 된 방정환은 깊은 감명을 받았다.

 "아, 바로 저거다! 나도 저런 모습을 보여 줄 수 있을까?"

 방정환은 두근거리는 마음을 겨우 진정시키고 잠자리에 들었다. 눈앞에 이와야 사자나미의 얼굴이 자꾸만 맴돌아 잠을 이룰 수가 없었다.

*이와야 사자나미(1870~1933) : 일본 근대 초기의 아동 문학가로, 옛이야기를 들려주는 할아버지로 유명했다.

이와야 사자나미가 비록 일본 사람이긴 하지만, 방정환은 이와야 사자나미처럼 우리 아이들에게 좋은 이야기를 들려주고, 외국의 좋은 동화를 번역해 주고 싶었다.

이튿날 아침, 방정환은 거울 앞에서 큰 소리로 외쳤다.

"그래. 오늘부터 나의 호는 소파다! 소파 방정환이 되는 거다!"

소파(小波)는 이와야 사자나미의 한자인 암곡소파(岩谷小波)에서 따온 것이었다.

'소파'라는 호를 갖게 되자 방정환의 열정은 더욱 불타올랐다. 방정환은 《어린이》에 실을 외국 동화들을 찾기 위해 닥치는 대로 책을 읽었다.

그중에서 교훈을 주거나, 용기와 정직함을 심어 주는 가치 있는 이야기들을 찾아내 번역했다.

외국 동화를 번역하는 일은 순조로웠다. 문제는 《어린이》에 직접 글을 써 주는 사람을 구하기가 어렵다는 점이었다.

그래서 방정환이 여러 편의 글을 써야 했고, 글에 어울리는 그림도 직접 그려야 했다. 글을 써내는 것은 어려운 일이 아니었지만 문제는 작가의 이름을 적는 일이었다.

모든 글에 '지은이 방정환'이라고 써넣을 수는 없는 노릇이었다. 방정환은 잠시 고민에 잠기는가 싶더니 종이에 무언가를 적

기 시작했다.

'북극성, 물망초, 몽견초, 몽중인, 목성, 삼산인, 허삼봉, 허문일, 파영생, 성서인, 삼봉생, ㅈㅎ생, 잔물, 노덧물, 길동무, CW생, 쌍S, 깔깔박사, 잠수부, 은파리, 금파리, 편집인, 일기자.'

놀랍게도 이 재미나고 다양한 이름들이 모두 《어린이》에 글을 쓴 방정환의 다른 이름이었다. 같은 사람이 그 많은 글을 썼다고 하면 독자들이 흥미를 잃을까 봐 여러 이름을 쓴 것이다.

이런 사실을 독자들이 알 리가 없었다. 눈치채고 항의를 해 오는 독자도 없었다. 방정환의 글 색깔이 그만큼 다양했기 때문이다.

한번은 방정환이 《어린이》에 〈동생을 찾으러〉라는 탐정 소설을 '북극성'이라는 이름으로 연재한 적이 있었다. '북극성'이 탐정 소설에 가장 걸맞는 이름이라고 생각했다.

이 소설의 연재가 끝날 즈음, 방정환은 뜻밖의 편지를 한 통 받았다.

"북극성의 글은 방정환 선생님 글보다 훨씬 더 재미있어요."

방정환과 동료들은 배꼽을 쥐고 웃고 또 웃었다. 북극성도 다름 아닌 방정환인데 독자들은 다른 사람으로 알고 있었던 것이다.

방방곡곡에 동요와 동화의 씨앗을 퍼뜨려라

방정환은 다시 일본으로 건너갔다. 그런데 공부를 하다가도 혼자 생각에 잠겨 있는 시간이 많았다.

"지금의 어린이 운동은 너무 미약해. 서울의 아이들뿐만 아니라 전국 방방곡곡에 있는 아이들을 움직이게 해야 해."

방정환은 여러 방향으로 궁리를 했다. 그리고 생각 끝에 떠오른 한 사람, 진장섭을 찾아가기로 했다. 보성 전문학교를 같이

다닌 친구 진장섭은 도쿄 고등 사범 학교에서 공부를 하고 있었다. 진장섭도 3·1 운동에 참가한 사람이었는데, 둘은 자주 만나지는 못했지만 통하는 게 있었다.

진장섭은 성격이 무척 밝고 순수한 사람이었다. 덜렁대는 면도 있지만 소탈하고 바른 사람이었다.

"바쁘기로는 둘째가라면 서러운 자네가 웬일인가?"

진장섭은 장난스러운 말투로 방정환을 반겼다.

"자네의 도움이 필요하네. 날 좀 도와주게."

방정환은 진장섭이 내놓은 차도 마시지 않고 자신의 포부를 말했다.

"나는 어린이 운동을 전국적으로 확산시켜 볼 작정이네. 지금 하는 운동은 너무 한쪽으로 치우쳐져 있어."

"자네 이야기는 잘 알겠네만 내가 무슨 도움이 될는지."

방정환은 진장섭의 두 손을 잡아끌었다.

"울창한 숲도 나무 한 그루에서부터 시작하는 거야. 우리 힘을 모아 보세."

이튿날, 방정환의 뜻에 동참한 진장섭은 함께 일할 뜻있는 동지들을 수소문하기 시작했다. 진장섭은 방정환이 하고자 하는 일이 무엇인지 분명하게 알지 못했지만, 방정환을 믿는 마음은 누구보다 강했다.

　마침내 뜻을 같이 하는 여덟 명의 동지들이 방정환의 집에 모였다. 모두 일본에서 공부하는 유학생들이었다.

　"이번에 우리 어린이들을 위한 동요와 동화를 만들어 어린이들에게 읽히는 것이 어떨까요?"

　방정환이 자신의 생각을 구체적으로 들려주자 함께 모인 여덟 명의 동지들은 고개를 끄덕였다.

　"문학을 통해서 어린이 운동을 펼치시겠다는 말이군요."

　"그렇습니다. 좋은 문학 작품을 많이 읽게 하고, 아름다운 노래를 많이 들려준다면, 아이들은 쉽게 우리의 뜻을 이해할 것입니다."

　"아이들은 노래와 이야기를 좋아하니까 그 방법도 좋겠소. 좋은 생각이오."

　"그렇게 해서 우리의 뜻을 전할 수만 있다면 뭘 더 바라겠소."

　이야기는 밤이 깊도록 끝나지 않았다. 여덟 명의 유학생들은 방정환의 뜻을 알고 함께 일하기로 약속했다. 밖으로 크게 내세우지 않고, 안으로 알찬 애국 운동을 벌이자는 맹세는 그렇게 첫 발걸음을 내딛게 되었다.

우리 노래 〈반달〉

방정환은 《사랑의 선물》을 엮으면서 많은 외국 동화를 번역했다. 외국 동화뿐만 아니라 전래 동화를 정리해 《어린이》에 싣기도 했다.

그런데 동요는 마땅한 것이 없었다. 동요는 리듬을 타고 흐르는 강물과 같은 것이다. 어렵고 딱딱한 글도 동요로 만들면 쉽게 이해할 수 있다. 나아가 어려운 시대에 용기와 희망을 주는 경쾌한 동요는, 그 어떤 설교보다 설득력 있고 친근하게 다가간다.

방정환은 그 사실을 누구보다 잘 알고 있었다. 그러나 동요를 지어 줄 마땅한 사람이 없었다. 음악을 전공했다 하더라도 대부분 서양 음악을 전공한 사람이었다.

그러던 어느 날, 방정환은 아는 사람을 통해 윤극영을 소개받고 당장 그를 찾아갔다.

윤극영은 붉게 상기된 얼굴로 찾아온 방정환을 보고 깜짝 놀랐다.

"방 형, 어서 오시오. 그런데 대체 무슨 일이오?"

"아무것도 묻지 마시오. 지금 이 노래를 부르고 싶어 미치겠으니 어서 연주를 해 주시오."

방정환은 윤극영에게 악보를 내밀며 다짜고짜 연주를 부탁했다.

"나 참, 무슨 일인지 모르겠네."

윤극영은 방정환의 재촉에 떠밀려 무작정 연주를 시작했다.

방정환은 노래를 부르기 시작했다. 바로 〈형제 별〉이라는 곡이었다.

> 날 저무는 하늘에
> 별이 삼 형제
> 반짝반짝 정답게
> 지내더니
> 웬일인지 별 하나
> 보이지 않고
> 남은 별이 둘이서
> 눈물 흘린다.

방정환은 마치 우는 듯 노래를 불렀다. 방정환의 슬픔은 윤극영에게 고스란히 전해졌다.

"가사가 참 아름답군."

윤극영은 지그시 눈을 감고 젖은 목소리로 말했다. 방정환이 가슴으로 노래를 부르고 있다는 것을 알았다.

그 노랫말은 방정환이 만든 것이었다. 가정 형편이 어려워 일찍 시집간 누나를 그리워하며 지은 것이다. 방정환은 시집간 누나가 그리울 때면 밤하늘의 별을 헤아리며 눈물을 삼켰다. '별 하나'는 시집간 누나를 말하는 것이고, '남은 별 둘'은 자신과 어머니를 표현한 것이다.

"내가 가장 좋아하는 노래이기는 한데……."

"노래이기는 한데 뭐가 어떻다는 것이오?"

"안타깝게도 이 노래의 가락은 일본 사람이 만든 것이라오. 좋은 가락이기는 하지만 일본 사람이 만든 곡조를 좋다고 무턱대고 부른다는 것은 부끄러운 일 아니겠소?"

"그렇군. 나도 몰랐던 사실이오."

"윤 형, 나는 진정한 우리 노래를 부르고 싶소. 우리나라 사람이 만든 곡에 우리 노랫말을 붙여서 말이오."

윤극영은 비로소 방정환이 찾아온 이유를 알 것 같았다. 방정환이 왜 상기된 얼굴로 자신을 찾아왔는지, 왜 그토록 애달픈 목소리로 노래를 불렀는지.

"나는 지금 우리 아이들을 위한 운동을 하고 있소. 아이들이 마음 놓고 부를 우리 노래가 필요하오. 일본인이 만든 곡에 우리말을 붙여서 부르는 반쪽짜리 노래 말고 진짜 우리 동요 말이오. 그런 노래를 윤 형이 만들어 주었으면 좋겠소."

방정환이 돌아간 다음 날, 윤극영은 밤잠을 줄여 가며 노랫말을 쓰고, 곡을 만들었다. 하루도 지체할 수 없는 일이었다. 그 일은 방정환을 위해서가 아니라, 우리나라 어린이들을 위한 가장 절실한 일이라고 생각되었기 때문이다.

동요가 완성된 날, 윤극영은 방정환과 몇몇의 친구들을 불러 모았다. 그리고 그들 앞에서 동요 〈반달〉을 불렀다. 윤극영 작사, 작곡의 노래 〈반달〉은 이렇게 태어났다.

> 푸른 하늘 은하수 하얀 쪽배엔
> 계수나무 한 나무 토끼 한 마리,
> 돛대도 아니 달고 삿대도 없이
> 가기도 잘도 간다 서쪽 나라로.

잔잔하면서도 쉽게 따라 부를 수 있는 노래였다. 아름다우면서도 슬픈 곡이기도 했다. 그 슬픔은 슬픔에서 끝나는 것이 아니라 일본에 대한 저항과 독립을 향한 의지로 이어져 있었다.

〈형제 별〉과 〈반달〉은 사람들의 입과 입을 통해 퍼져 갔다. 그리고 얼마 지나지 않아 수많은 사람들에게 사랑받는 노래가 되었다.

| 윤극영(1903~1988) |

우리나라 동요와 동시의 선구적 역할을 한 동요 작가이다. 도쿄에서 유학하던 시절에 방정환을 만나 친분을 쌓았고, 우리나라 어린이들을 위해 함께 일하기로 약속했다. 귀국한 뒤 '일성당'이라는 음악 공부방을 만들어 어린이들에게 음악을 가르쳤고, 어린이 합창단을 조직하기도 했다. 설날에 일본 음악을 듣는 어린이들을 안타깝게 여겨 〈설날〉을 작사·작곡했고, 우리나라 최초의 동요라고 할

수 있는 〈반달〉도 작사·작곡했다. 이외에도 윤석중이 지은 〈고드름〉, 〈우산 셋이 나란히〉에 곡을 붙였다. 교사, 가수, 제작자 등 다양한 분야에서 활동했으며 어린이 문화 발전을 위해 평생을 바쳤다. 어린이 문화 단체 '새싹회'에서 매년 소파 방정환을 기리기 위해 마련한 '소파상'의 제1회 수상자(1957년)이다.

색동저고리를 입고 마음껏 뛰어라

일본 유학생과 만든 '색동회'

색동회라는 이름이 지어진 것은 일본 유학생들의 두 번째 모임에서였다. 1923년 3월 말, 회원들은 모임의 이름이 필요하다는 데 의견을 같이했다.

윤극영은 두 번째 모임부터 참석했지만 그 누구보다 적극적이었다.

"저, 색동회가 어떨까요?"

모두들 고민에 빠져 있을 때 윤극영이 말했다.

"색동회라고 하니 색동옷을 입은 어린이가 눈앞에 아른거리는데요."

"부드럽고도 강한 느낌이 나는 이름이군요."

색동회 모임 뒷줄 왼쪽부터 시계 방향으로 정순철, 정병기, 윤극영, 손진태, 진장섭, 방정환, 고한승, 조재호

　회원들은 하나같이 색동회라는 이름에 호감을 보였다. 윤극영은 용기를 얻어 색동회라는 이름에 대해 설명했다.

　"색동회는 색동저고리를 입은 우리나라 어린이들을 의미합니다. 색동이란 말이 순수한 우리말이니 일본도 색안경을 끼고 보지는 않을 테고요. 저는 색동회라는 이름을 추천합니다."

　"우아, 윤 형! 색동회라는 이름이야말로 우리가 찾던 이름이오."

　색동회라는 이름은 만장일치로 통과됐고, 1923년 5월 1일에 정식으로 발족되었다.

색동회 회원들은 《어린이》에 실을 원고를 나누어 쓰는 일부터 시작했다. 《어린이》에 글을 써 줄 작가가 부족해서 방정환이 늘 골머리를 앓아 왔기 때문이다.

글을 써 주겠노라며 회원들이 발 벗고 나서자 방정환은 숨통이 트이는 것 같았다. 회원들은 어린이들이 읽는 글이라고 해서 함부로 써서는 안 된다는 걸 잘 알고 있었기 때문에, 여간 반가운 일이 아닐 수 없었다. 어린이들이 좀 더 다양한 글을 읽을 수 있다면 이보다 반가운 일이 또 있겠는가. 회원들은 새로운 잡지가 나오면 서로의 작품에 대해 비판하고 격려하는 자리를 마련하기도 했다.

일본에서 '문예춘추사'라는 잡지사에 다니던 마해송은 《어린이》에 실린 작품들이 너무 가라앉아 있는 점을 지적했다.

"슬픈 내용이 어린이들에게 나쁘다는 것은 아니지만, 더 밝고 희망적인 글을 썼으면 합니다. 그러면 우리 어린이들이 더 밝고 긍정적인 생각을 하지 않을까요?"

"듣고 보니 그렇군요. 왜 진작 그런 생각을 못 했을까요."

마해송의 지적은 《어린이》의 분위기를 확 바꾸는 계기가 되었다. 《어린이》에는 전문 작가보다 색동회 회원들의 작품이 더 많이 실렸다. 비록 뛰어난 문학 작품은 아니었지만, 어린이와 나라를 사랑하는 젊은 운동가들의 정성 어린 작품이 빛을 발했다.

| 마해송(1905~1966) |

마해송은 1905년 개성에서 태어났으며 방정환, 윤극영 등과 함께 색동회에서 활동하였다. 1957년, 어린이에게 인간으로서의 권리와 복지를 보장할 것을 선포한 '어린이 헌장'의 첫 안을 잡는 데 참여하였다. 주요 작품으로 〈바위나리와 아기별〉, 〈어머니의 선물〉, 〈모래알 고금〉 등이 있다. 바위나리와 아기별의 순수한 사랑을 그린 〈바위나리와 아기별〉은 아름다운 문장과 내용을 통해 새로운 동화의 양식을 보여 준 작품으로 평가받고 있다.

싱그러운 5월의 첫날, 어린이날

"어린이날을 만드는 건 어떨까요?"

방정환은 조심스럽게 또 하나의 의견을 색동회에 제안했다. 어린이날을 만들겠다는 것은 그 누구도 해 보지 못한 생각이었다.

"어린이날을 만들어 아이들이 그날 하루만큼은 마음껏 뛰놀고 환하게 웃을 수 있도록 해 줍시다. 어린이들 스스로가 미래의 희망임을 느끼게 해 주는 겁니다. 어떻습니까?"

방정환의 제안은 회원들의 적극적인 지지를 받았다. 회원들은 그 자리에서 당장 날짜를 정하기로 했다.

"5월은 일 년 열두 달 중에서 가장 생동감이 넘치는 계절입니다. 계절의 여왕이라고도 하지 않습니까? 5월에는 모든 식물들이 기운을 차리고 기지개를 펴지요. 우리 어린이들도 한 그루 나무처럼 미래를 향해 뻗어 가야 합니다. 그러니 5월로 합시다. 기왕이면 기분 좋게 5월의 첫날로 합시다."

"아니, 방 형은 언제 그런 생각을 다 해 놓았는가? 우리도 정신 바짝 차려야겠는걸."

회원들은 방정환의 기발한 생각에 칭찬을 아끼지 않았다.

5월 1일을 어린이날로 결정하자 방정환은 마음이 설레기 시작했다. 어서 빨리 어린이날을 선포하고, 기뻐하는 아이들의 모습을 보고 싶었다.

"당장 어린이날 행사를 준비해야겠소."

색동회 회원들은 쇠뿔도 단김에 빼라는 속담처럼 일사천리로 일을 진행시켰다.

색동회 회원들은 일본에 있어서 행사에 참석할 수 없지만, 서울 천도교 소년회와 《어린이》를 발간하는 개벽사의 간부들에게 어린이날을 성대하게 치러 줄 것을 부탁했다.

색동회 회원 가운데 유일하게 행사에 참여하게 된 진장섭은 발바닥에 물집이 잡힐 정도로 뛰어다니며 어린이날 행사를 준비했다.

마침내 1923년 5월 1일, 역사적인 어린이날 행사가 시작됐다. 그날의 분위기를 어떻게 다 표현할 수 있을까.

천도교 회관에는 천 명이나 되는 사람들이 빼곡히 들어차 있었다. 기념식이 끝나자 회원들은 50명씩 짝을 지어 어린이날을 알리는 전단을 뿌렸다. 이날 뿌려진 전단은 모두 12만 장이었다.

소년회 회원들이 전해 준 전단을 꼼꼼히 살피는 사람이 있는가 하면, 구겨서 바람결에 날려 버리는 사람도 있었다.

하지만 전단에 적힌 내용들은 결코 구겨지지 않고, 세상을 향해 소리치고 있었다. 방정환은 이 전단에 평소 가지고 있던 모든 생각들을 담았다.

사람들은 전단의 내용을 보면서 미소 짓기도 하고, 고개를 끄덕이기도 했다. 그동안 어린이들을 함부로 대하거나 소홀히 했던 것을 반성하는 이도 있었다.

어른 아이 할 것 없이 모두 축제 분위기에 흠뻑 빠졌다. 이날 행사는 서울뿐만 아니라 개성, 진주, 안주, 대전, 공주에서도 크게 열렸다.

이제 사람들은 두 번째 맞이하는 어린이날

행사에 아주 큰 관심을 보였다. 행사가 시작되기도 전에 사람들이 줄지어 섰다. 천도교 회관은 모인 사람들로 터질 듯했다.

첫 번째 어린이날 행사에 참석하지 못했던 방정환도 이번에는 귀국해서 기쁨을 나누었다. 1924년 5월 1일, 나라 안은 제2회 어린이날 행사로 또 한 번 잔치가 벌어졌다. 전국 방방곡곡에 만 장이 넘는 포스터가 뿌려졌다.

사람들은 포스터를 읽으며 손을 맞잡은 아이의 머리를 쓰다듬어 주었다. 어린이의 이야기에 귀를 기울이고 꿈을 심어 주었다. 어린이날을 기념하는 축하 곡이 울려 퍼지고 고무풍선이 하늘로 날아올랐다.

이 모습을 멀찍이서 지켜보던 방정환은 가슴이 뭉클해졌다. 어려웠던 지난날이 떠올랐기 때문이다.

유년 시절의 방정환은 유복했지만 점차 자라면서 많은 어려움을 겪었다. 끝이 보이지 않던 가난, 누나와 어머니와의 이별은 방정환의 마음속에 큰 슬픔 덩어리로 자리 잡고 있었다.

'저 아이들만은 내가 겪은 슬픔을 모르고 자랐으면 좋겠다! 아이들 마음속의 슬픔을 걷어 내고 건강하고 바른 조선의 아들딸

로 키워 내고 싶다!'

　방정환은 부모 모임을 개최하고 강연을 하기도 했다.

　"부모님, 이 나라의 장래는 어린이들에게 달려 있습니다. 어린이들을 소중하게 여겨 주시고, 인격적으로 대해 주십시오. 대접을 받고 자란 어린이들은 도덕적이고 훌륭한 사람으로 성장할 수 있습니다."

　방정환의 강연은 부모들의 마음을 움직이기에 충분했다. 부모들은 강연을 통해 그동안 어린이를 잘못 키운 점을 반성하기도 하고, 다른 좋은 의견들을 내놓기도 했다.

　방정환의 생각은 바로 이것이었다. 어린이날을 그저 흥겨운 잔

어린이날 표어

첫날로 끝내는 것이 아니라, 어른들이 어린이들을 위해 마음가짐을 되새기는 날로 만드는 것이다.

어린이날 행사는 대성공이었다. 어린이들은 물론이고 어른들의 반응도 뜨거웠다. 어린이를 바라보는 어른들의 생각은 방정환의 어린 시절과는 달랐다. 방정환은 말할 수 없는 기쁨과 감격으로 잠을 이루지 못할 정도였다.

방정환은 제2회 어린이날을 성공적으로 마치고 다시 일본으로 돌아갔다. 잠시 쉬었던 공부를 다시 하기 위해서였다. 색동회 회원들과 소년 운동도 계속할 생각이었다. 방정환은 잠시라도 아무 의미 없이 쉬는 것을 참지 못했다.

방정환은 공부를 하면서도 새로운 일을 계획했다. 바로 '어린이날 노래'를 만드는 것이었다.

"어린이날이 만들어졌는데 어린이날 노래가 없어서야 되겠소?"

색동회 회원들은 방정환의 의견에 뜻을 같이했다. 방정환은 어린이날 노래를 직접 만들고 싶은 바람이 생겼다.

방정환은 며칠 동안 고심해서 노랫말과 경쾌한 서양 행진곡 풍의 곡을 만들었다. 행진곡 풍의 곡조가 어린이들에게 밝고 희망적인 마음을 심어 줄 거라고 생각했다.

1절
기쁘고나 오늘날 5월 1일은
우리들 어린이의 명절날일세
복된 목숨 길이 품고 뛰어노는 날
오늘은 어린이의 날.

2절
기쁘다 오늘날 5월 1일은
반도 정기 타고난 우리 어린이
길이길이 뻗어 날 새 희망 품고
즐겁게 뛰어노는 날.

후렴
만세 만세 같이 부르며
앞으로 앞으로 나아갑시다

아름다운 목소리와 기쁜 마음으로

노래를 부르며 나아가세.

이 노래는 제3회 어린이날에 발표되었다. 몇 번 연습을 하자 어린이들은 쉽게 따라 불렀다.

부르는 어린이들이나 듣는 어른들이나 그저 흥겹게만 느껴졌지만 방정환에게 그 장면은 눈물겨웠다. 기쁨의 눈물이라고 해야 할까. 방정환은 어린이가 미래의 주인으로 소중하게 자리매김하는 모습에 큰 행복과 보람을 느꼈다. 진작 어린이날 노래를 만들지 못한 것이 후회가 될 정도였다.

방정환은 어린이날 행사가 열린 천도교 기념관 강당에서 동화 구연을 했다. 동화 제목은 〈귀만의 설움〉이었다. 방정환이 단상에 오르자 박수갈채가 터졌다.

귀를 쫑긋 세운 사람들은 어린이뿐만이 아니었다. 어린이들의 손을 잡고 온 어른들도 기념관을 가득 메우고 있었다.

방정환의 이야기 솜씨는 어린이들과 어른들의 마음을 사로잡았다. 이야기가 끝났는데도 돌아가지 않고 자리에 앉아 있는 사람들도 있었다.

그러나 아쉽게도 제4회 어린이날 행사는 열리지 못했다. 순종의 장례식과 겹쳐서 부득이하게 행사가 취소되었다.

그 뒤에도 계속되었던 어린이날 행사는 1937년에 일제의 지나친 간섭과 탄압 때문에 열리지 못했다. 방정환을 비롯한 색동회와 소년 운동 협회 회원들, 그리고 이 땅의 어린이들이 얼마나 안타까워했을지는 굳이 말하지 않아도 알 것이다. 온 국민이 나라가 처한 암울한 현실에 또 한 번 상처를 받고, 설움을 견뎌야 했다.

어린이날 행사는 해방이 된 뒤에 다시 열리게 되었다. 날짜도 5월 1일에서 5월 5일로 바뀌었다.

| 어린이날은 왜 5월 5일이 되었을까? |

처음에 어린이날은 5월 1일이었다. 시간이 지날수록 어린이날 행사가 커지자 일본의 방해와 감시가 심해졌다. 1927년, 조선 소년 연합회는 어린이날을 5월 첫째 일요일로 바꾸어 계속 행사를 치렀다. 하지만 1937년, 일본의 억압으로 결국 중단되었다. 어린이날이 다시 살아난 것은 해방 이듬해인 1946년이다. 그 해 5월의 첫 일요일인 5일에 기념식을 열면서 이때부터 5월 5일이 어린이날이 되었다. 1970년에 법정 공휴일로 지정되었다.

오늘날 어린이날 노래
(윤석중 작사/윤극영 작곡)

날아라 새들아 푸른 하늘을
달려라 냇물아 푸른 벌판을

오월은 푸르구나 우리들은 자란다
오월은 어린이날 우리들 세상

우리가 자라면 나라의 일꾼
손잡고 나가자 서로 정답게
오월은 푸르구나 우리들은 자란다
오월은 어린이날 우리들 세상

해방 뒤 처음 열린 어린이날 행사 모습
(1946년 5월 5일)

재일 동포 아이들에게도 어린이날을

제3회 어린이날을 무사히 잘 치른 방정환은 다시 일본으로 돌아왔다. 일본에서 벌이고 있는 어린이 운동도 적지 않았고, 공부도 계속해야 했다. 당시 방정환이 하고 있던 일을 꼽아 보면 사실 한두 가지가 아니었다.

《어린이》 편집과 색동회 운영, 개벽사의 특파원 노릇까지, 그야말로 1인 4역으로도 부족할 판이었다. 하지만 방정환은 일본에서 공부하는 중에도 이 일들을 열정적으로 해 나갔다.

특히 색동회 회원들과는 아무리 바쁜 일이 있어도 정기적인 모임을 갖고, 어린이 문화 운동에 대한 의견을 주고받았다.

유난히 추운 어느 겨울밤, 조재호로부터 임시 모임을 열어야겠다는 연락이 왔다.

"갑자기 무슨 일이지?"

"어서 가 봐야겠군."

회원들은 바쁜 일을 뒤로 하고 조재호의 집에 모여 앉았다. 가난한 유학생의 방은 얼음장처럼 차가웠다. 그러나 조재호는 뜨겁게 달아올라 있었다. 회원들이 서로 인사를 주고받기도 전에 조재호는 입을 열었다. 이야기의 내용은 이랬다.

조재호는 며칠 전에 집을 나와 학교로 가던 길에 한 무리의 아이들이 웅성대는 모습을 보았다. 무슨 일인가 싶어 고개를 빼고 보니 아이들 몇 명이 한 친구를 발로 걷어차고 있었다. 쓰러진 아이의 코에서는 피가 흐르고 있었다. 그런데 그 아이는 다 해진 한복을 입고 있었다. 때린 아이는 일본 아이들이었고, 맞은 아이는 조선의 아이였던 것이다. 더욱 기가 막힌 것은 조선의 아이가 일본 아이의 가방을 들어 주지 않아서 맞았다는 것이다.

조재호는 아이를 집으로 데려다 주고 돌아오면서 슬픔을 참지 못하고 눈물을 흘렸다고 했다.

"일본에도 우리 어린이들이 많이 살고 있습니다. 그 어린이들도 우리가 안아 주어야 합니다. 교포 어린이들을 위해 무언가를 해 주고 싶습니다."

당시 일본에서 살고 있던 우리 동포들은 공장에서 막노동을 하

거나, 남의 집 일을 해 주면서 비참한 생활을 하고 있었다. 특히 어린이들은 학교와 사회에서 인간 이하의 취급을 받으며 차별과 냉대 속에서 살아가고 있었다. 형편이 어려워 공부는커녕 스스로 일을 해 가며 하루하루를 겨우 살아가야 하는 아이들도 있었다.

방정환은 그런 어린이들을 곁에 두고도 돌보지 못한 것이 가슴 아프고 미안했다. 가난과 배고픔으로 그 누구보다 어려운 시절을 보낸 방정환은 조재호의 말을 듣고 견딜 수가 없었다.

"왜 진작 그런 생각을 못했을까? 교포 어린이들도 우리 민족인데 말이야."

"그래, 단 하루라도 그들을 위한 날을 만들어 주자."

색동회 회원들은 마음을 다해 잔치를 준비했다. 경비는 모든 회원들이 조금씩 모아 충당했다. 모두 가난한 유학생들이었지만 교포 어린이들을 위해 주머니를 털었다. 비록 한겨울에 길거리에 나앉는 신세가 될지언정 교포 어린이들을 위한 일에 돈을 아낄 수는 없었다.

1926년 1월 1일.

우리나라에서 열렸던 어린이날 행사처럼 성대하지는 않았지만 소박하게나마 재일 동포 어린이들을 위한 잔치가 열렸다. 일본 우에노 공원에 잔치 소식을 들은 어린이들이 몰려들었다. 색동회 회원들은 아이들에게 과자를 나누어 주고 재미난 이야기도 들려주었다. 그리고 함께 운동도 하고, 노래도 불렀다. 처음에는 마음을 열지 않던 아이들도 차츰 환한 낯빛으로 회원들의 손을 잡았다. 얼굴에 서려 있던 그늘이 순식간에 사라지고 해맑은 웃음이 넘쳤다.

"얘들아, 오늘은 너희들의 날이다. 마음껏 뛰어놀고 먹어라. 너희들은 비록 일본에서 살고 있지만 조선의 아들딸들이다. 그리고 모두들 소중한 생명들이다. 힘차고 꿋꿋하게 살아야 한다!"

방정환은 어린이들의 해맑고 천진한 표정에 마음이 놓이면서도 측은한 마음을 감출 수가 없었다.

이날 잔치에는 많은 자원봉사자들도 찾아와 일을 도왔다. 덕분에 어린이들을 위한 잔치는 별일 없이 잘 치러졌다. 아이들은 한 아름의 기쁨과 희망을 가슴에 품고 집으로 돌아갔다.

그 뒤에도 색동회 회원들은 재일 동포 어린이들을 위한 다양한 일을 했다. 방정환은 후카가와라는 마을 예배당에 아이들을 모아 놓고 동화를 들려주기도 하고, 노래를 가르쳐 주기도 했다.

재일 동포 어린이들에게 특별한 애정을 가지고 있던 조재호는 아이들에게 한글과 수학을 직접 가르쳤다. 버려지듯이 키워진

아이들이나 공장에서 일하는 아이들은 기초 교육을 받기는커녕 자기 이름도 제대로 쓸 줄 몰랐다.

"어쩌면, 이럴 수가 있을까? 미래를 짊어질 아이들을 이렇게 내팽개치다니……."

조재호 덕분에 아이들은 돈 계산도 할 줄 알고, 자기 이름도 쓸 줄 알게 되었다.

| 다른 나라의 어린이날 |

1925년 제네바에서 열린 '아동 복지를 위한 세계 회의'에서 6월 1일을 '국제 어린이날'로 정했다. 여러 나라들이 이날을 기념하고 있다. 중국의 어린이날은 원래 4월 4일이었으나, '국제 어린이날'에 맞추어 6월 1일로 바뀌었다.

북한은 어린이날 대신 6월 1일 '국제아동절'과 6월 6일 '소년단 창립일'을 실질적인 어린이날로 지낸다.

일본도 공식적으로는 5월 5일을 어린이날로 하고 있지만, 여자아이들과 남자아이들의 축제일이 나누어져 있다. '히나마쓰리'는 여자아이들의 축제날이다. 3월 3일, 붉은 천이 덮인 계단을 만들어 그 위에 인형들을 장식한다. 한편 남자아이들은 5월 5일에 '고이노보리'라고 하여 집 안에 무사 인형을 장식하고 집 밖에 잉어 모양의 깃발을 단다.

이슬람교를 믿는 나라들은 이슬람력으로 5월 5일인 7월 4일을 어린이날로 지낸다.

어린이와 세상, 그 사이에 방정환

방 선생님, 좋은 이야기 들려주세요!

방정환은 스물여덟 살 되는 해에 고국으로 돌아왔다. 일본에서 조선으로, 다시 조선에서 일본으로 국경을 넘어야 했던 방정환은 가정을 소홀히 할 수밖에 없었다.

잠시도 쉬지 않고 일하는 방정환을 바라보는 아내 손용화는 불평불만보다 걱정이 앞섰다. 그렇다고 남편의 앞길을 막을 수는 없는 노릇이었다.

방정환의 일에 대한 집념을 그 누구보다도 잘 알고 있기 때문이었다.

"여보, 몸 생각도 하면서 일하세요."

손용화는 방정환이 적어도 며칠은 일에서 손을 떼고 쉬었으면

했다. 하지만 방정환을 부르는 곳이 너무 많았다. 명성이 높아지자 여기저기에서 방정환을 초청했다.

"방 선생님! 저희 모임에 오셔서 좋은 말씀 좀 해 주십시오."

"저희 학교에 와서 선생님이 지은 재미있는 이야기를 들려주세요!"

어떤 어린이들은 방정환에게 직접 편지를 써서 보내오기도 했다.

사실 방정환은 여러 곳을 다닐 만큼 건강한 몸이 아니었다. 늘 몸이 무겁고, 피로가 빨리 찾아왔다. 갈증도 자주 나고 머리가 어지러울 때도 있었다.

하지만 강연이야말로 자신이 펼치는 어린이 운동을 사람들에게 쉽게 전달할 수 있는 절호의 기회였다. 건강을 돌보기 위해 강연을 포기할 수는 없었다. 방정환은 눈코 뜰 새 없이 바쁜 나날을 보내면서 어린이 문화 운동을 펼쳤다.

"여보, 그러다가 건강 해치겠어요."

아내는 남편의 건강이 염려되었다. 피로를 부쩍 많이 느끼는 남편이 여간 걱정스러운 게 아니었다.

"우리 아이들도 좀 생각하세요. 당신이 쓰러지기라도 하면 우리는 어쩌라고요."

결혼을 하고 사는 동안 떨어져 지낸 시간이 더 많았는데도 묵묵히 남편을 믿어 주고 아껴 주는 아내가 무척 고마웠고 한편으로는 측은했다.
　"여보, 미안하오. 나에게 조금만 시간을 더 주시오. 아직 할 일이 끝나지 않았소."
　방정환에게는 아들 둘과 딸이 하나 있었다. 하지만 사랑하는 아내 그리고 아이들과 많은 시간을 가질 수가 없었다. 방정환은 아내와 아이들에게 고마움과 미안함을 느꼈다.

어린이 운동의 꽃은 지지 않는다

다시 바쁜 일상으로 돌아온 방정환은 1927년 2월에 '어린이와 직업'이라는 주제로 라디오 강의를 했다. 라디오 강연은 사람들의 인식을 크게 바꾸어 놓았다. 이런 순간에도 어린이 운동에 대한 방정환의 생각은 멈추지 않았다.

'소년 운동 협회와 오월회를 통합하는 게 좋겠어. 둘 다 어린이를 위한 일을 하는 단체인데 따로 할 필요가 없지. 하나로 합쳐서 더욱 큰일을 해내자!'

방정환은 협회 간부들을 불러 생각을 나누었다. 다행히도 방정환의 의견에 반대하는 사람이 없었다.

마침내 '소년 운동 협회'와 '오월회'는 '조선 소년 연합회'라는 이름으로 새롭게 태어났다. 회원들은 한마음으로 방정환을 위원장으로 추대했다. 1927년 10월 16일. 방정환의 어깨에 또 하나의 짐이 실렸다.

| 조선 소년 연합회의 창립과 활동 |

어린이 운동가들은 1927년, 방정환과 조철호 등이 조직한 소년 운동 협회와 정홍교, 박준표 등이 조직한 오월회 등으로 나뉘어 있던 어린이 단체를 통합하여 조선 소년 연합회를 만들었다. 강령은 ① 조선 소년 운동의 통일적 조직과 충실한 발달을 도모하고, ② 조선 소년 운동에 관한 연구와 그 실현을 도모한다는 것

이었다. 100여 개 단체의 참가 신청을 받아들여 1927년 10월 16일 천도교 기념관에서 창립 대회를 개최했으며, 방정환이 회의를 진행하고 임원을 선출했다. 과학과 건전한 문학을 다루는 소년 잡지를 후원하는 등의 활동을 하였으며, 색동회에서 정했던 어린이날을 5월 1일에서 5월의 첫째 일요일로 변경하였다.

조선 소년 연합회에서는 다시 한 번 어린이 운동에 박차를 가했다. 그 중에서 새롭게 기획된 것이 바로 '어머니 대회'였다.

바쁜 일손을 놓고 참석한 어머니들은 방정환의 말에 연신 고개를 끄덕였다.

"어머니들이야말로 우리 어린이들의 진짜 스승입니다. 어머니들이 어린이를 교육하는 데에도 철학이 있어야 합니다."

방정환은 강연이 끝나는 순간까지 최선을 다했다. 그 추운 날씨에도 이마에 땀방울이 송골송골 맺힐 정도였다.

3월 22일, 조선 소년 연합회는 제1회 정기 총회를 마련했다. 이 모임에서 '조선 소년 연합회'는 '조선 소년 총동맹'으로 이름을 바꾸었다. 그러나 사사건건 어린이 운동에 시비를 걸어오던 일본이 이를 허락하지 않았다.

"조선 소년 총연맹이라 하시오. 그러지 않으면 모임 자체를 허락하지 않겠소."

그러나 이렇게 우여곡절 끝에 태어난 '조선 소년 총연맹'도 시간이 지나자 점차 목적을 잃어 갔다.

처음에는 어린이를 위한다는 순수한 취지였으나 회원들의 의견도 일치되지 않았고, 일부 어린이들만을 위한 운동으로 변해 갔다. 결국 방정환은 모임에서 탈퇴해 버렸다.

그렇다고 방정환이 어린이 운동을 그만둔 것은 아니었다. 방정환은 조용히 새로운 운동을 준비하고 있었다.

일본을 펄쩍 뛰게 한 동화

잡지 《어린이》에 대한 일본의 검열은 고삐를 늦추지 않았다. 혹시 일본을 모욕하거나, 독립 정신을 심어주는 불리한 내용이 나올까 전전긍긍했다.

방정환은 일본의 검열에 걸리면 글이 실리지 못한다는 것쯤은 알고 있었다. 그렇다고 어린이들에게 알맹이 없는 글을 읽힐 수는 없었다. 방정환은 그 어떤 대가를 치르더라도 우선 싣고 보자는 대범함을 보였다.

그 대표적인 작품이 바로 송영이 지은 동화 〈쫓겨 가신 선생님〉이다. 아니나 다를까 이 작품은 일본의 검열에 걸리고 말았다. 이 동화를 읽으면 누구라도 동화 내용이 일본에 저항하는 내용임을 알 수 있었다. 동화 내용을 잠깐 들여다보자.

어느 학교의 도덕 시간, 이상하기로 소문난 선생님이 엉뚱한 질문을 하나 던졌다.
"교실 안에는 언제든지 개나리꽃이 피어 있다. 이것이 대체 무엇이냐?"
학생들은 영문을 알 리가 없었다. 또 선생님은 공부가 끝날 시간이면 아이들에게 이상한 소리를 늘어놓았다.
"그러니까 너희들은 정신을 바짝 차려야 한다. 우리들은 다른 데 사람보다 한 겹 더 눌리고 있으니까."
바로 일본에게 나라를 빼앗기고 우리 백성들이 그 밑에 눌리고 있다는 소리였다. 선생님은 그 말끝에 언젠가 질문한 개나리꽃이 무엇인지 이렇게 말해 준다.
"교실 안의 개나리꽃은 너희들의 얼굴이다. 너희들은 가난으로 인해 제대로 먹지 못해 병자처럼 노란 얼굴을 하고 있는 것이다."
이처럼 학교에서 아이들에게 일제 식민지를 비판하는 교육을 시킨 선생님은 결국 학교에서 쫓겨나고 만다.

이 이야기를 쓴 작가는 송영이었지만 《어린이》의 발행인이 방정환이었기 때문에, 문제가 생기면 방정환이 모두 **책임**을 져야 하는 상황이었다.

화가 난 일본 경찰들은 당장 방정환을 잡아들여야 한다고 핏대를 세웠다.

"방정환을 잡아라! 이번 기회에 본때를 보여 주어야겠다."

일본이 문제 삼은 것은 동화 속에 독립 정신을 심어 주는 대목이 있다는 것이다. 올바른 선생님을 일본이 쫓아내고, 아무리 열심히 일해도 소작농 신세를 벗어날 수 없다는 것을 보여 주어 일본을 비방했다는 것이다.

형무소에 나타난 소문난 이야기꾼

경찰은 곧 방정환을 잡아갔다. 방정환은 서대문 형무소에 열흘이나 감금되었다. 물론 잡지 《어린이》도 압수하여 폐기시켰다.

형무소에 잡혀간 방정환은 결코 비굴한 모습을 보이지 않았고, 태연한 모습으로 형무소의 차가운 바닥에 앉아 있었다. 조금의 흔들림도 없고 초조한 기색도 없었다.

어쩌면 자신이 형무소 신세를 질 것을 이미 알고 있었는지도 모른다. 방정환은 마음의 흔들림 없이 의연한 모습으로 죄수들

사이에 앉아 있었다.

'기왕 형무소에 들어왔으니 이야기나 들려줄까.'

문득 이런 생각이 들자 방정환의 마음에 더욱 여유가 깃들었다. 방정환은 특유의 익살스러운 표정을 지으며 죄수들 앞에 이야기 보따리를 풀어 놓았다.

죄수들이 가만히 들어 보니 방정환의 이야기가 보통이 아니었다. 겉으로 보기에는 얌전한 사람인데, 한번 입을 열기 시작하니

못 따라 하는 흉내가 없고 못 내는 소리가 없었다.

죄수들은 방정환의 이야기에 배고픔도 잊을 정도였다. 때로는 배꼽 잡는 이야기, 때로는 눈물 나는 이야기로 죄수들의 고통을 잠시나마 잊게 해 주었다.

"방 형, 오늘은 기분이 울적하니 한바탕 신 나게 웃을 만한 이야기를 들려주오."

죄수들은 방정환의 이야기 솜씨에 넋을 잃었다. 심지어 죄수를 지키는 간수들까지 이야기에 심취해서 엿들을 정도였다. 대놓고 들을 수가 없어서 창틀에 귀를 갖다 대고 듣다가 방정환과 눈이 마주치면 헛기침을 하고 돌아가곤 했다.

방정환은 열흘 동안의 형무소 생활을 마치고 풀려나게 됐다.

"동화 선생이 가면 심심해서 어쩌누."

"그러게. 또 만나자고 할 수도 없고……."

죄수들은 은근히 방정환이 더 있다가 나가기를 바랄 정도였다. 하지만 그에게는 어린이와 식민지 조국이 기다리고 있었다.

아이야, 넓은 세계를 보아라

조선의 어린이에서 세계의 어린이로

방정환은 강연을 잠시 쉬고 새로운 일을 계획했다. 그중 하나가 우리 어린이들에게 세계의 드넓은 문화를 만나게 해 주는 것이었다.

'보다 더 넓은 세상을 보여 주자. 우리 어린이들이 더 큰 꿈을 키우게 하자!'

방정환의 계획은 여러 나라 어린이들의 그림을 한데 모아 전람회를 갖는 것이었다.

"좋은 생각이기는 한데, 너무 거창한 계획이 아닐까?"

"아직 우리 현실에서는 무리야. 암, 무리고말고."

방정환의 계획에 시큰둥한 반응을 보이는 사람도 있었으나 방정환의 생각은 달랐다.

아이들에게 늘 비슷한 이야기를 들려주던 것에서 벗어나, 색다른 것을 느끼게 해 줄 때가 왔다고 생각했다.

뜻이 있으면 길이 열린다고 했던가. 뜻밖에도 방정환의 계획은 순풍에 돛 단 듯이 순조롭게 진행되었다. 도쿄에서 유학 생활을 하면서 색동회 일을 도와주던 이헌구가 방정환과 비슷한 생각을 하고 있었던 것이다. 더욱 반가운 일은 이헌구가 많은 그림을 소장하고 있다는 것이다. 이헌구는 한마디로 수집광이었다. 세계적으로 유명한 음악가들의 어릴 적 초상화, 세계 각국의 풍속도, 어린이들을 그린 유럽 미술가들의 그림 들을 잔뜩 소장하고 있었다. 그 양이 무려 천 점이 넘었다. 방정환은 이헌구의 손을 덥석 잡았다.

| 색동회의 활동 |

방정환을 중심으로 활동했던 색동회는 1931년 방정환이 세상을 떠나고 일제의 탄압이 심해지며 위기를 맞았다. 1934년에 《어린이》가 폐간되었으며, 1937년에 어린이날 행사가 금지되기에 이르렀다. 하지만 1946년부터 다시 《어린이》를 발간하고 어린이날을 5월 5일로 바꾸었다. 1956년 방정환의 업적을 기려 소파 상을 제정하고, 1957년 5월 5일 어린이 헌장을 선포하는 데 앞장섰다. 한동안 활동을 활발히 하지 못하다가 1967년 어린이날을 기해 활동을 다시 시작하고, 1969년에는 방정환 동상을 건립하였다.

그 뒤로도 전국 어린이 동화 구연 대회, 전국 어머니 동화 구연 대회, 전국 시 낭송 대회, 우리 이야기 대회를 개최하는 등 아동 문학의 발전을 위해 힘썼다. 해마다 방정환을 기리는 추모식을 개최하고 있으며, 1985년부터는 매년 어린이를 위한 문화 활동에서 공적이 뛰어난 인물 두 명에게 '눈솔상'을 시상해 오고 있다. '눈솔'은 방정환과 함께 색동회를 이끌었던 어린이 운동가 정인섭의 호이다.

"내가 자네를 만난 건 행운이야. 우리 이번 일을 멋지게 추진해 보세."

이헌구는 자나 깨나 어린이 생각뿐인 방정환에게 기꺼이 아끼는 소장품을 내놓기로 약속했다.

방정환은 중국 상하이에 있는 친지들에게 그림을 수집해 달라고 부탁했고, 독일 정부에는 어린이들의 그림을 보내 달라고 요청했다.

방정환이 중국에 그림을 부탁한 까닭은, 중국에는 우리나라보다 더 많은 외국 사람들이 살고 있어서 외국 어린이들의 그림을 어렵지 않게 구할 수 있기 때문이었다.

그리고 독일은 당시 일본과 친하게 지냈기 때문에 일본을 통해서 연락이 가능했다.

한 켠에서는 방정환의 이번 계획이 무모하다는 둥, 괜한 고생을 사서 한다는 둥 반대 의견이 많았다. 그러나 방정환은 의지를 꺾지 않았다.

이헌구와 한방에서 자취를 하던 와세다 대학 출신인 정인섭과, 이헌구의 동창이며 고향이 같은 김광섭도 적극적으로 도왔다.

"정말 중요한 것은 우리나라 어린이들의 그림이 아니겠소?"

정인섭의 이 한마디에 방정환은 정신이 번쩍 들었다.

"아, 내가 왜 그 생각에 소홀했을까? 이번 전람회의 주인공은 바로 우리나라 어린이들인데."

그러나 아직 늦은 것은 아니었다. 방정환은 색동회 회원들의 그림부터 시작해, 각 지방의 어린이들의 그림을 공모했다. 우리나라 어린이들의 그림을 모으는 것은 어렵지 않았다.

'비록 외국 그림이 더 뛰어나다 하더라도 우리나라 어린이들의 그림을 가장 좋은 자리에 전시할 테다. 이날의 주인공은 바로 우리 어린이들이니까!'

세계 예술 아동 전람회의 대성공

모든 준비가 끝났다. 방정환은 어서 그날이 오기를 기다렸다. 전시회가 열리기 전날, 방정환과 정인섭, 이헌구, 김광섭은 술잔을 기울이며 서로의 수고를 칭찬하며 우정을 쌓았다.

언론사에서도 이들의 참신한 기획에 박수를 보냈다. 〈동아일보〉는 최초의 전람회를 알리는 기사를 크게 보도했다.

장차 올 신세계의 트이기 시작한 싹을 모아 전 인류의 내일살이를 계시할 세계 아동 예술 전람회가 조선의 서울에서 꽃밭보다 더 찬란히 열리는 10월 2일도 이제 고작 일주일밖에 남지 않았다.

이 전람회에는 우리나라 어린이들의 작품뿐만 아니라 전 세계 어린이들의 다양한 작품이 전시되었다. 아동극과 인형극은 물론

이고 영화와 잡지, 그림과 동요, 심지어 다른 나라 장난감까지 전시되었다.

〈동아일보〉는 기사와 함께 전람회를 후원하는 광고를 내 주었다. 그 덕분에 전람회는 시작하기도 전에 화제를 낳았다. 단체 관광은 물론이고 수학여행을 오는 학교도 있었다.

1928년 10월 2일.

가을바람이 선선하게 불었다. '세계 예술 아동 전람회'는 천도교 회관에서 그 화려한 막을 올렸다. 어른들은 입장료 10전씩을 내고, 어린이들은 5전씩 냈다. 40명 이상 단체로 온 사람들에게는 3전을 받았다.

처음에는 일주일 동안 전시할 예정이었으나 사람들이 너무 많이 와서 이틀을 연장해야 했다. 며칠 동안은 밤에도 사람들이 관람할 수 있도록 배려했다.

이곳에서도 방정환은 어린이들에게 동화를 들려주고, 노래를 가르쳐 주었다. 춤과 음악과 이야기로 전람회 밤이 무르익었다.

방정환은 아이의 손을 잡고 온 어른들의 모습을 물끄러미 바라보았다. 전람회에 전시된 그림이 제 아무리 뛰어나다고 해도, 그처럼 아름다운 그림은 없을 거라고 방정환은 생각했다.

어린이의 마음은 천사와 같다

서른한 살, 누워 있는 시간조차 아까운 사람

방정환은 전람회가 끝나자 한차례 심한 몸살을 앓았다. 그동안 몸을 돌보지 않고 혹사시킨 탓이었다.

가족들은 방정환이 정기적으로 먹는 약이 점점 많아진다며 걱정했다. 방정환의 이부자리 위에는 약봉지가 수북하게 쌓였다.

"내 몸은 내가 잘 안다. 걱정하지 말거라."

며칠을 누워 있던 방정환은 자리에서 일어나 외출 준비를 했다. 가족들은 그런 방정환이 걱정되고 원망도 되었지만 그의 황소고집을 꺾을 수 있는 사람은 없었다.

이미 약이 아니면 몸을 가눌 수 없을 만큼 병이 깊어졌지만 방정환은 또 다른 일을 계획하고 있었다. 어쩌면 자신의 건강을 누구보다 잘 알고 있어서였을까? 방정환은 새롭게 구상하고 있던 일을 부쩍 서둘렀다. 바로 새 잡지를 만드는 일이었다.

방정환이 지방 강연을 다니면서도 틈틈이 어머니 대회를 열었던 것은 어린이들을 키우는 데 무엇보다 어머니들의 역할이 중요하기 때문이었다.

방정환은 더 많은 어머니들에게 도움을 주기 위해 《신여성》이라는 잡지를 창간했다. 더불어 《학생》이라는 잡지가 만들어진 것도 이 무렵이었다.

| 《신여성》 |

《신여성》은 1923년 9월에 창간되어 1934년 폐간된 여성 교양 잡지이다. 초대 편집 겸 발행인은 박달성이었고, 제3호부터 방정환이 맡았다. 여성들을 위한 논문·시·소설·수필 등을 실었고, 동요나 동화를 싣기도 했다. 그 밖에도 여학생에 관한 기사와 여성 운동, 농촌 여성 문제 등을 깊이 있게 다루었다. 여성들이 직업을 가져 스스로의 자질을 높이고, 여성의 지위를 높이기 위해 노력하는 데 큰 역할을 하였다.

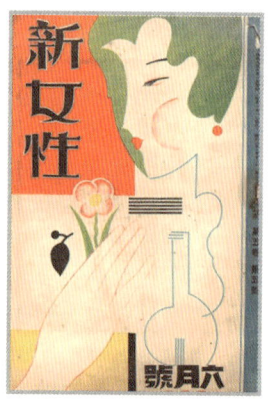

방정환은 너무 많이 생각하고 너무 많은 일을 했다. 방정환은

가족도 자신도 아닌, 이 땅의 어린이를 위해 태어난 사람 같았다. 그러나 한편으로 그는 어리석은 사람이었다. 이미 그의 건강은 심각한 지경에 이르고 있었다.

서른한 살, 아직 젊고 푸른 나이였다. 방정환은 누워있는 시간이 아까웠다.

그런데 설상가상으로 일제가 또 다시 방해 작전을 펴기 시작했다. 《학생》에 실린 글이 건전하지 못하다는 이유를 들어 폐간시켜 버린 것이다. 게다가 《어린이》에 실린 글을 사사건건 트집 잡더니 검열을 핑계로 발간에 훼방을 놓기 시작했다.

방정환에게 《어린이》는 자식과도 같은 잡지였다. 아무리 힘들고 어려워도 결코 손을 놓지 않고 지켜 온 생명줄 같은 것이었다.

그런데 일본이 끊임없이 온갖 이유를 들어 잡지를 난도질해 대니, 일본에 대한 원망이 날로 깊어질 수밖에 없었다.

1930년대로 접어들면서 일본의 감시는 더욱 심해졌다. 결국 제8회 어린이날 행사는 기념식만 하고 끝나고 말았다. 방정환은 더 이상 맞설 힘이 남아 있지 않았다.

그 무렵, 일본은 중국과의 전쟁으로 나라 안이 시끄러웠다. 특히 우리 민족을 지배해서 힘을 키우겠다는 목적으로, 우리 국민들을 교묘하게 괴롭히고 있었는데 그중 하나가 우리말 말살 정책이었다. 우리말을 못 쓰게 함으로써 민족의 얼을 빼앗아 버리려는 수작이었다.

일본은 방정환이 우리말로 동화를 구연하거나 강연을 하는 것도 허락하지 않았다.

게다가 《어린이》는 내용 전부가 우리말로 되어 있는 잡지였기 때문에 일본은 《어린이》를 폐간시키는 데에 혈안이 되어 있었다.

이렇듯 잡지 발간에 많은 제한을 받으면서도 방정환은 잡지 발행을 멈추지 않았다. 하지만 버티는 데에도 한계가 있었다.

잡지를 펴내는 개벽사 사장이기도 했던 방정환은 심한 경영난에 시달렸다. 잡지가 팔리지도 않았고, 무엇보다 일본의 검열로 제대로 된 잡지를 펴내기가 어려웠다.

일본은 개벽사가 쓰러지면 당연히 《어린이》도 폐간될 거라는 계산을 하고 있었다. 그 교묘한 계산은 유감스럽게도 척척 들어맞았다.

방정환의 몸은 극도로 악화되었다. 자신의 목숨보다 더 소중하게 여긴 《어린이》가 폐간될 위기에 처하자 큰 상심에 빠졌다.

일본에 대한 분노, 잡지 폐간에 대한 두려움과 좌절감은 결국 방정환을 쓰러뜨리고 말았다.

어린이를 위해 핀 꽃, 어린이 속으로 지다

방정환은 큰 충격으로 코피를 일주일 내내 흘렸다. 방정환이 앓고 있는 병은 고혈압이었다. 게다가 신장까지 나빠져 온몸이 부은 상태였다.

결국 방정환은 경성 대학 부속 병원에 입원을 하게 되었다.

"나는 아직 더 해야 할 일이 있네. 나를 좀 일으켜 주게."

방정환은 퉁퉁 부은 얼굴로 양복을 찾아 입고 나간 적도 있었다. 하지만 이미 방정환의 몸은 죽음을 준비하고 있었다. 눈도 침침해져서 앞을 잘 볼 수 없게 되었고, 걷는 것조차 힘들게 되었다. 입원한 지 일주일쯤 지났을 때는 정상적인 호흡이 어려웠다.

의사는 가족들에게 마음의 준비를 하라고 일러 주었다.

그러나 가족들도, 색동회 회원들도, 그리고 친구들도 어린이들을 위해 한평생을 바치고도 더 할 일이 남았다고 중얼거리는 이 가엾은 사람을 보내고 싶지 않았다.

"나는 이제 갈 때가 되었네."

친구들은 방정환의 마지막 인사를 듣고 싶지 않았다.

"가긴 어디를 간다고 그러나! 우리를 남겨 두고!"

"이제 나는 하늘나라에 계신 어머니한테로 갈 거네. 가서 어린 아이가 되어 어머니와 놀고 싶네."

방정환은 흐느끼는 아내와 자식들의 손에 입맞춤을 해 주었다. 그리고 잠시 뒤 가슴에 얹었던 손을 툭 떨어뜨렸다.

"어린이를 부탁하네."

방정환은 마지막 말을 남기고 눈을 감았다.

1931년 7월 24일, 서른세 살의 청년은 하늘로 돌아갔다.

야주개 마을을 지나, 사직동 초가집을 지나, 천도교 회관을 지나 그리고 어린이들을 지나 어머니가 계신 하늘나라로.

동심여선(童心如仙)

어린이의 마음은 천사와 같다는 이 말 속에 방정환은 영원히 잠들어 있다. 가난과 슬픔을 딛고 어린이에게 한평생을 바친 사람, 방정환. 이제는 하늘나라에서 행복했지만 무겁던 짐을 벗어놓고, 그리웠던 어머니와 원 없이 뛰어놀고 있을지도 모른다. 어릴 적 야주개 큰 집 마당에서 놀던 어린아이가 되어.

펼쳐라! 생각 그물

역사 박사 첫걸음 교묘한 눈속임, 일제의 문화 통치
역사 지식 돋보기 일제 강점기 재일 한국인들의 삶
알토란 역사 지식 독립을 위한 문화 운동의 모습
속닥속닥 천기누설 이야기꾼 방정환
역사 발자취 따라가기 우리 곁에 숨 쉬는 방정환

교묘한 눈속임, 일제의 문화 통치

국민들이 모두 힘을 모아 독립에 대한 뜨거운 의지를 보여 준 3·1만세 운동으로, 일제(일본*제국주의)는 무력만으로 우리나라를 통치하기가 어렵다는 것을 깨달았다. 그래서 우리나라의 저항과 국제 여론의 비난을 피하기 위해 내세운 정책이 바로 '문화 통치'였다. 일제는 기존의 헌병 경찰 제도를 보통 경찰로 바꾸고, 현역 군인을 총독으로 임명한다는 조항을 없앤다고 발표하였다. 일반 관리나 교원은 더 이상 제복을 입고 칼을 차고 다니지 않게 되었다. 그리고 언론·집회·출판의 자유를 어느 정도 인정하게 되었다. 그 외에도 한국인 관리 임용, 교육·산업·교통·위생·사회 행정의 개선, 조선의 문화·관습 존중 등을 기본 정책으로 내세웠다.

하지만 이 같은 변화는 눈속임에 지나지 않았다. 오히려 교묘한 방법으로 우리나라를 더욱 탄압하려는 정책이었던 것이다. 그리고 이마저도 1930년대 '민족 말살 정책'이 시작되면서 우리의 문화와 정신을 완전히 없애려는 잔인한 정책으로 바뀌게 된다.

오히려 늘어난 경찰

일제는 헌병 경찰 제도를 보통 경찰로 바꾸었으나, 오히려 보통 경찰의 수를 더

*제국주의 : 군사력과 경제력으로 다른 나라나 민족을 침략해서 자신의 나라를 더 큰 국가로 만들려고 하는 성향.

욱 늘렸다. 일본인 경찰과 함께 한국인 경찰의 수도 크게 늘려 우리 민족을 계속 탄압했다. 1918년과 1920년을 비교했을 때 경찰 기관은 1,900개 가까이 늘어났으며, 경찰 인원은 무려 13,000명 정도가 늘어났다. 특히 한국인 경찰의 수를 늘린 것은 그들을 앞잡이로 삼아, 우리

일제 강점기의 한국인 경찰들

나라 사람들을 이간질시키고 민족 분열을 조장하려는 의도에서 비롯되었다.

더욱 심해진 감시와 통제

일제는 언론의 자유를 허용한다고 하면서 〈동아일보〉, 〈조선일보〉 등의 우리말 신문 발행을 허가하였다. 하지만 신문이 발행되기 전에 검열하여 기사를 삭제하거나 아예 발행을 정지시키기도 했다. 이러한 탄압을 통해 친일 언론으로 만들려는 목적이었다. 집회 및 결사를 허용한 것도 민족 운동을 겉으로 드러나게 한 뒤 통제하려는 목적이었다.

친일파 양성

일제는 문화 통치를 이용해 우리 민족의 거센 저항을 달래면서, 한편으로는 친일파를 길러 우리 민족을 이간질하고 분열시키려 애썼다. 이를 위해 친일 인사가 각 종교 단체 지도자가 되도록 후원하고, 뛰어난 학생을 교육한다는 허울 좋은 이름 아래 친일 지식인을 많이 양성하려 했다. 또한 각종 친일 단체를 조직하고 후원하여 우리나라를 통치하는 데 활용하고자 했다. 지방 자치제를 실시한다는 목적으로 만든 평의원회 역시, 친일 한국인을 이용해 수탈을 더욱 눈가림하고 우리 민족의 불평을 막아 보려는 교묘한 정책이었다.

일제 강점기 재일 한국인들의 삶

　일본은 1876년(고종 13년)에 강화도 조약을 맺으며 우리나라의 권리를 빼앗을 발판을 마련했고, 다양한 방식으로 우리 민족을 탄압하기 시작하였다. 철도와 정거장 등을 만든다는 핑계로 토지를 빼앗았고, 불평등한 조항으로 일본 상인들이 이익을 독점하였다. 또한 토지 조사 사업, 산미 증식 계획을 전개하여 농민들의 땅과 쌀을 빼앗았다. 이런 상황에서 우리 민족, 특히 농민들은 생계를 이어가는 데 큰 어려움을 겪을 수밖에 없었다. 또한 한글을 쓰지 못하게 하고 일본어를 배우게 하는 등 갖은 횡포를 부렸다. 우리 민족은 경제적으로도 문화적으로도 일본의 큰 억압을 받았던 것이다. 결국 이런 상황 속에서 생계를 위해 어쩔 수 없이, 또는 일제에 의해 강제로 일본 땅으로 건너가는 사람들이 생겨났다.

생계를 위해 일본으로 떠난 사람들
　초기에는 일본 때문에 생활의 터전을 빼앗긴 한국인들이 생계를 이어 가기 위해 일본으로 건너가는 경우가 많았다. 일본에 살고 있는 친척이나 아는 사람에게 초청을 받아 일본으로 건너가는 방법이 가장 흔했다. 이들은 주로 일본의 도시 변두리에 모여 살며 단순한 육체노동을 하거나 작은 가게를 열어 삶을 꾸려 나갔다. 지식 노동자도 있었으나 아주 적은 수에 지나지 않았다. 이들은 온갖 차별과 수모를 겪으면서 일본에서 생활했다.

전쟁터로 끌려가는 한국 청년들   일본군 위안소

일본의 강제 동원

일본은 중국을 차지하기 위해 1937년 중일 전쟁을 일으켰다. 전쟁이 시작되면서 일본은 우리나라 청년들을 군대로 끌고 가거나, 탄광, 철도 건설, 군수 공장 등에서 일을 시켰다. 그리고 1941년 연합국과 태평양 전쟁을 벌이게 되면서는 일반 남성들은 물론 어린 소년들까지 강제 징용하였다. 뿐만 아니라 여성들을 일본군의 성 노리개로 삼는 야만스러운 일까지 저질렀다.

꺾이지 않는 의지

우리 민족은 이렇게 어려운 상황 속에서도 저항의 의지를 굽히지 않았다. 노동자들은 작업을 거부하기도 하고, 폭동을 일으키기도 했다. 일본에서 공부를 하던 유학생들 역시 독립을 위해 힘썼다. 1919년 2월 8일에 유학생들은 독립 선언을 선포하고, 독립 선언서와 결의문을 일본 의회와 언론 기관 등에 보냈다. 이 선언은 3·1만세 운동이 일어나는 데 큰 힘을 실어 주었다. *간토 대지진 학살이 일어났을 때는 유학생들의 모임과 각 종교 단체들이 일본 정부에 책임을 요구하기도 하였다.

*간토(관동) 대지진 학살 : 1923년 간토 대지진 수습 과정에서 재일 한국인들에 대한 헛소문이 퍼지면서 6,000여 명의 한국인이 일본인들에 의해 죽임을 당했다.

독립을 위한 문화 운동의 모습

명성 황후 시해 사건과 을사조약 등 나라를 위협하는 사건이 일어날 때, 의병들은 죽음을 두려워하지 않고 나라를 위해 싸웠다. 국내에서 활동하기 어려우면 중국이나 러시아 등 외국으로 떠나 독립군을 조직하는 경우도 있었다. 이렇게 무장하고 몸 바쳐 싸운 독립운동가들이 있는 한편, 다른 방향으로 독립을 위해 힘쓴 경우도 있었다. 교육을 통해 민족의 실력을 기르려는 움직임, 미래를 이끌어 갈 어린이를 위한 어린이 운동과 청년 운동, 학문 연구로 민족의 정신을 이어 나가려는 노력 등이 바로 그것이다.

민족 실력 양성 운동

일제 강점기 동안, 교육을 통해 민족의 실력을 기르려는 다양한 움직임들이 있었다. 20세기 초, 애국 계몽 운동가들은 다양한 학회를 조직하여 기관지를 발행하고 학교를 세워 일제의 식민지 교육에 맞섰다. 1920년대에는 사립 학교, 야학, 강습소, 개량 서당 등이 세워졌고, 민립 대학 설립 운동이 벌어졌다.

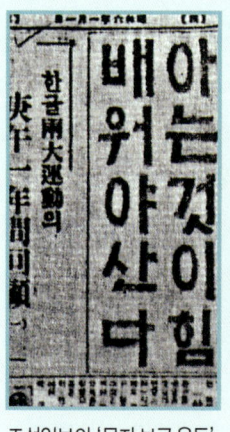 

조선일보의 '문자 보급 운동'　　동아일보의 '브나로드 운동'

한편 문맹 퇴치 운동도 전개되었다. 1920년대까지 한글을 읽지 못하는 사람은 모든 인구 가운데 80퍼센트나 되었다. 〈동아일보〉의 '*브나로드 운동', 〈조선일보〉의 '문자 보급 운동', 수원 고등 농림 학교 학생들의 '문맹 퇴치 운동'이 진행되었다.

어린이 운동

어린이 운동은 천도교 정신에서 시작되었다. 모든 사람이 존중받아야 한다는 천도교의 사상에 따라 어린이들에게도 소중한 권리가 있다는 인식도 생겨나게 되었다. 방정환은 어린이를 때 묻지 않은 자연에 가장 가까운 존재로 보았다. 방정환을 비롯하여 어린이 운동을 펼친 사람들은 어린이가 읽을 잡지를 펴내고, 어린이를 위한 동화·동요 등을 보급했다. 어린이날을 만들고 홍보하는 역할도 했다. 또한 해방 뒤에는 일제의 잔재를 없애고, 한글을 보급하는 데 힘썼다.

국학 운동

국학이란 자기 나라의 고유한 역사, 언어, 풍속, 신앙, 제도, 예술 등을 연구하는 학문이다. 뜻있는 학자들은 일제의 횡포로 정체성을 위협받는 우리나라의 주체성과 민족정신을 이어나가기 위해 국학을 연구해야 한다고 생각했다. 주시경은 우리말과 한글을 전문적으로 연구하고 한글의 대중화와 근대화에 큰 공헌을 했다. 1921년 '조선어 연구회'가 1931년 '조선어 학회'로 계승되어 우리말을 연구하고 보급하는 일을 계속했고, 그 노력은 1949년 '한글 학회'로 이름이 바뀐 뒤 오늘날까지 이어지고 있다.

한편 역사학자들은 우리 민족의 우수성과 주체성, 애국심을 강조하기 위한 민족 사학 연구에 힘을 쏟았다. 박은식은 《한국 통사》, 《한국독립운동지혈사》 등의 책을 펴내 주체적인 역사관의 중요성을 주장했고, 신채호는 《조선 상고사》, 《조선사 연구초》 등의 책을 통해 새로운 역사관을 세우고 민중 혁명을 강조했다.

*브나로드 운동 : '민중 속으로'라는 뜻의 러시아 말이다.

이야기꾼 방정환

　방정환이 타고난 이야기꾼이었다는 것은 누구나 아는 사실이다. 그는 여러 행사를 통해 그 실력을 발휘하였다. 천도교 기념관에서 동화 구연 대회를 했을 때는 1,500명이나 되는 어린이들이 모이기도 했다. 사람들은 기쁨, 슬픔, 두려움, 행복, 아름다움을 표정과 목소리만으로 표현해 내는 방정환의 솜씨에 빠져들었다. 일단 방정환이 동화를 들려준다는 소문이 나면 사람들은 만사를 제쳐 놓고 모여들었다.

일본 경찰의 마음도 녹인 방정환

　경기도 수원 '화성 소년회'에서 동화 대회를 마련한 적이 있었다. 방정환이 온다는 소식을 들은 사람들이 구름처럼 몰려들었는데 무려 그 수가 2,000여 명이었다. 색동회 회원인 조재호는 그 자리에서 동요를 불러 주고, 방정환은 이야기를 들려주었다. 두 사람은 관객들을 하나로 만들었다.
　이 자리에서도 일본 경찰의 감시는 이어졌다. 하지만 방정환은 아랑곳하지 않고 힘으로 잘난 체하는 덩치 크고 어리석은 동물을 일본에 비유해서 비아냥거렸다. 그리고 악한 이는 반드시 벌을 받게 된다는 결말을 지어 일본의 만행을 간접적으로 꾸짖었다.

이날 방정환이 마지막으로 들려준 이야기는 부모를 잃고 고생하는 한 소년의 이야기였다. 방정환의 이야기가 얼마나 슬프고 애달프게 들렸는지 듣고 있는 사람들도 눈물을 흘렸다. 그런데 주변을 감시하던 일본 경찰이 고개를 푹 숙인 채 움직이지 않고 있었다. 일본 경찰도 방정환의 이야기를 들으며 울고 있었던 것이다. 방정환의 이야기 솜씨는 피도 눈물도 없을 것 같은 일본 경찰의 마음까지도 녹아내리게 했다.

오줌이 터지고, 코피가 흐르고

방정환은 이야기하는 도중 그만 바지에 오줌을 지린 일도 있었다. 경성 현대 소년 구락부와 경성 도서관 아동부 주체로 동화 구연이 열린 날이었다. 건물은 좁고 사람들이 많아서 앉아 있기도 힘들었지만 어느 누구도 불평 없이 이야기에 귀를 기울였다. 그런데 방정환은 이야기 도중에 갑자기 소변이 마려웠다. 방정환은 안절부절못하면서도 도저히 이야기를 멈출 수 없었다. 관객들이 숨소리도 내지 않고 이야기에 빠져 있었기 때문이다. 결국 방정환은 그날 바짓가랑이에 아무도 모르게 살짝 오줌을 지리고 말았다고 한다.

어느 날은 이런 일도 있었다. 정주 공립 보통학교에서 강연을 했는데, 그날은 유난히 더워서 한 시간을 넘게 방정환 혼자서 이야기하는 것이 쉽지 않았다. 하지만 사람들은 방정환이 두 시간이고 세 시간이고 쉬지 않고 이야기를 해 주기를 바랐다.

방정환은 붉게 충혈된 두 눈을 힘차게 깜빡이며 이야기를 이어 나갔다. 코피가 터져 흐른 것은 그때였다. 하지만 관중들은 이 사실을 까맣게 몰랐다. 넓은 운동장인 데다 방정환이 감쪽같이 숨겼기 때문에 사람들은 그저 방정환이 땀을 닦는 줄 알았다고 한다.

그날 방정환이 얼마나 코피를 많이 흘렸는지, 집으로 돌아와 보니 양복 안에 입은 속옷의 가슴 부분이 온통 붉은 피로 물들어 있었다고 한다.

우리 곁에 숨 쉬는 방정환

우리 곁에 잠들어 있는 방정환

망우리에 있는 방정환의 묘

방정환은 서울시 중랑구 망우동에 있는 망우리 공원묘지에 잠들어 있다. 이곳은 한용운, 오세창, 서동일 등의 독립운동가들과 방정환, 이중섭, 박인환 등 열일곱 명의 유명 인사가 잠들어 있는 공원묘지로, 역사의 숨결을 느낄 수 있는 곳이다. 산책과 조깅을 즐길 수 있는 휴식 공간으로도 활용되고 있으며, 산책로 곳곳에 열다섯 명의 연보비가 놓여 있다. 방정환의 연보비에는 어린이에 대한 사랑을 잘 느낄 수 있는 글이 새겨져 있다.

> 어린이의 생활을 항상 즐겁게 해 주십시오.
> 어린이는 항상 칭찬해 가며 기르십시오.
> 어린이의 몸을 자주 주의해 살펴 주십시오.
> 어린이에게 늘 책을 읽히십시오.
> 희망을 위하여,

내일을 위하여 다 같이 어린이를 잘 키웁시다.

- 〈어린이날의 약속〉 중에서

색동회에서는 매년 방정환의 추모식을 가진다. 서울 망우리 공원묘지, 어린이 대공원 방정환 동상 앞 등에서 이루어지는 행사에는 색동회 회원들과 어린이들이 참석한다. 어린이들이 꽃을 바치고, 회원들이 방정환의 업적을 소개하는 행사를 치르며 방정환의 어린이 사랑 정신을 되새긴다.

후손들이 이어 가는 어린이 사랑의 정신

천도교 청년회 중앙 본부는 어린이 운동의 발상지인 종로구 경운동 수운회관에 방정환 어린이 도서관 설립을 추진하고 있다. 2008년 5월 5일에 어린이날을 기념하며 도서관 건립 기금을 마련하기 위해 도서 전시회를 열고, 어린이들이 전통 놀이 체험, 마술 공연 등 재미있는 활동을 즐길 수 있는 행사를 가지기도 하였다. 그 외에도 도서 바자회를 열고 모금 운동을 펼치는 등 도서관 건립을 위한 노력은 계속되고 있다.

방정환의 정신을 이어 가려는 노력에는, 방정환을 기려 만든 문학상도 있다. 아동문학평론사에서 아동 문학의 발전을 위해 힘쓴 방정환의 업적을 기리기 위해, 방정환 문학상을 만들어 동시, 동화, 평론 등의 부문에 시상을 하고 있다. 1991년부터 시작하여 2010년에 제20회 수상자를 선정하였다.

사진 제공 : 색동회, 독립기념관